KB190883

복 있는 사람

오직 여호와의 율법을 즐거워하여 그 율법을 주야로 묵상하는 자로다.
저는 시냇가에 심은 나무가 시절을 좇아 과실을 맺으며 그 잎사귀가 마르지 아니함 같으니
그 행사가 다 형통하리로다. (시편 1:2-3)

저자는 인생을 살아 본 사람만이 가진 복잡함을 외면하지 않고, 성경의 가르침을 단순하고 선명하게 전하는 설교자다. 그래서 저자가 쓴 책은 찾아서 읽어 보곤 한다. 본서에서도 저자는 돈 문제, 헌금 문제로 고민하는 성도들에게 성경적으로 지침이 될 만한 내용들을 실제적으로 다루고 있다. 헌금이 복을 받기 위한 수단으로 변질되고 있는 한국 교회를 향해 "돈은 죄성과 만나는 대신 은혜와 만나야 한다"는 사실을 따뜻하면서 설득력 있게 설파한다. 이 책을 통해 이 땅의 모든 그리스도인이 매일의 삶 속에서 하나님이 주시는 말할 수 없는 은혜를 깨닫고 누리게 되기를 소망한다.

이찬수 분당우리교회 담임목사

'돈'은 오늘날 교회가 가진 약점의 핵심이면서 개혁과 변화의 시발점이라고 볼 수 있는 민감하고도 중요한 주제다. 그런 의미에서 『은혜와 돈』은 물질과 돈이 가지는 은혜의 속성을 잘 살려 내면서, 성경적이지 않은 어정쩡한 태도로 세상과 쉽게 타협하고 자기중심적이며 이기적인 신앙생활에서 벗어나지 못하고 있는 이 시대 교회에 성경적으로 잘 정리된 돈에 대한 관점을 열어 주는 귀한 책이다. 모든 그리스도인이 즐겨 읽어 마음에 새김으로써 오직 하나님만 기뻐하는 조국 교회의 새로운 모습을 기대하며 적극 추천한다.

화종부 남서울교회 담임목사

그리스도인의 갈망은 "잘 믿으면 만사형통"이라거나 "신앙이 좋으면 성부(聖富)가 된다" 정도의 메시지로는 채울 수 없다. 신자의 갈망은 돈이 아니라 돈을 주시는 분에게 있기 때문이다. 그래서 원고를 읽는 내내 흡족하고 배불렀다. 이 책은 돈을 소재로 하지만, 돈을 주시는 하나님을 선물해 주기 때문이다. 그리고 그 선물은 완전히 공짜다. 이렇게 기쁘고 복된 소식이 세상에 또 있을까? 돈에 감춰진 은혜의 신비가 무엇인지 이 책처럼 명쾌하게 밝혀 준 책은 없었다.

   그러므로 경고하건대, 이 책을 조심하라! 이 책을 읽는 당신이 나와 같다면, 돈을 쌓아 두고 자신과 자신의 가족만을 위해서 쓰는 것에 대해 참을 수 없는 손해라고 느끼게 될 것이다. 기쁨으로 드리는 것을 넘어, 헌상이라는 놀라운 선물을 주신 하나님을 기뻐하게 될 것이다. 탐욕이라는 죄로부터 우리를 구원하신 하나님을 너무나 사랑스럽게 여기게 될 것이다. 이 땅에서 경건의 길을 걸을 때 후히 베푸시고 또한 후히 베풀도록 하시는 하나님을 만나고자 하는 사람에게는 기쁜 소식이겠지만, 믿음을 이용하여 더 큰 부자가 되려는 신자, 경건을 이용하여 세상의 성을 쌓고 싶어 하는 목회자에게는 재앙이 될 것이다. 다시 한번 말한다. 이 책을 조심하라!

이정규 시광교회 담임목사

저자는 기독교 진리에 대한 오해를 풀어 주는 탁월한 설교자다. 전작에서 '하나님'에 대한 오해를 해명했다면, 이번에는 '은혜와 돈'에 얽힌 오해를 탁월하게 해소한다. 성도는 은혜로 살아간다. 그러나 세상은 돈으로 살아간다. 이 책은 시종일관 마음을 강조한다. 돈이 마음을 움직이지 않고, 마음이 돈을 움직이게 해야 한다고 권면한다. 하나님의 은혜가 마음을 다스릴 때, 비로소 돈이 하나님의 은혜가 주어지고 공급되는 마음의 수단으로 선용된다. 은혜의 말씀과 기도로 모든 것이 거룩하게 되고 은혜를 입은 자에게는 모든 것이 합력하여 선을 이룬다는 진리에 따르면, 돈도 하나님의 은혜를 받고 그 은혜를 이웃에게 나누는 선함의 탁월한 수단이다. 그러나 은혜를 떠나면, 돈의 주인이 아니라 노예로 전락한다. 도구이자 사용의 대상(utenda)인 돈을 사랑과 향유의 대상(fruenda)으로 여기면, 그것은 온갖 죄의 온상이 된다. 저자는 이토록 엄중한 진리를 성경의 엄선된 이야기를 통해 설득력 있게 가르친다. 돈을 은혜의 도구로 사용하기를 소망하는 모든 이에게 일독을 권한다.

한병수 전주대학교 교의학 교수

오늘날 교회에서 돈을 거론하거나 그 주제로 설교하는 것조차 불편한 상황이 연출된 것은 물신주의에 사로잡힌 현대 교회의 자업자득이라 생각한다. 모세가 시내산에서 십계명을 받는 동안 금송아지를 만든 이스라엘 백성의 한심한 모습을 뛰어넘어, 요즘은 지도자들조차 맘몬을 숭배하여 기독교를 유물론적 종교로 변질시키고 있는 게 아닌지 염려되는 병리 현상이 곳곳에 팽배하기 때문이다. 그렇다고 성경이 말하는 돈과 소유, 나눔과 드림에 대해 입을 닫을 수 있겠는가. 오히려 더 적극적으로 건강한 성경적 원리를 드러내고 보듬는 이 시대 몫의 개혁이 절실히 요구된다. 이 쉽지 않은 주제를 과감하고 건강하게 파헤쳐 주는 저자의 탁월한 안목을 이 책을 통해 만나 볼 것을 모든 성도와 사역자에게 강력히 추천한다.

정민영 전 국제 위클리프 성경번역선교회 부대표

이 책은 우리가 무시하고 지나가기에는 너무나 중요한 돈 문제를 은혜의 관점에서 어떻게 바라보아야 하는지 안내해 줄 뿐 아니라, 돈에 대한 오해와 편견을 명쾌하고 친절하게 풀어 준다. 또한 헌금에 대한 복잡 미묘한 부분들을 은혜라는 일관성 있는 주제어로 성경본문을 해석하고 설명함으로써, 그리스도인이 각자의 삶의 현장에서 적용할 수 있는 분명한 기준을 제공한다. 특별히 돈과 헌금에 대한 설교나 성경공부를 계획하고 있는 설교자나 교사, 리더들이 반드시 읽어야 할 필독서로 추천한다.

김경수 재단법인 빈손채움 상임이사

은혜와 돈

은혜와 돈

돈,
영혼 파괴자인가
은혜 건설자인가

김형익 지음

복 있는 사람

은혜와 돈

2019년 3월 11일 초판 1쇄 발행
2024년 1월 19일 초판 4쇄 발행

지은이 김형익
펴낸이 박종현

(주) 복 있는 사람
주소 서울특별시 마포구 연남동 246-21(성미산로23길 26-6)
전화 02-723-7183(편집), 7734(영업·마케팅)
팩스 02-723-7184
이메일 hismessage@naver.com
등록 1998년 1월 19일 제1-2280호

ISBN 979-11-7083-105-1 03230

이 도서의 국립중앙도서관 출판예정도서목록(CIP)은
서지정보유통지원시스템 홈페이지(http://seoji.nl.go.kr)와 국가자료공동목록시스템
(http://www.nl.go.kr/kolisnet)에서 이용하실 수 있습니다. (CIP 제어번호: 2019006245)

© 김형익 2019

선교사와 목사로 살아온 지난 30년의 여정 동안
하나님께서 받으실 예물로 섬겨 온 수많은 교회와 성도들에게
이 책을 헌정합니다.

차례

시작하는 말

여러분에게 돈은 무엇입니까? 돈은 "사물의 가치를 나타내고, 상품의 교환을 매개하며, 재산 축적의 대상으로도 사용하는 물건"이라는 사전적 정의처럼 중립적이기만 한 것은 아닙니다. 누군가에게는 소소한 행복을 안겨 주는 말할 수 없이 유용한 수단이 되기도 하지만, 또 누군가에게는 파멸로 몰아가는 파괴적 수단이 되기도 합니다. 돈이 가진 이러한 위력을 여러분은 잘 알고 있습니까?

사실 돈처럼 많은 사람들의 인생을 망친 것도 없습니다. 돈은 사람의 인생만 망친 게 아니라 수많은 교회를 무너뜨렸고 지금도 무너뜨리고 있습니다. 여과되지 않은 이 말을 용서하십시오. 내친김에 좀 더 구체적으로 말한다면, 돈은 교회 안의 많은 사람들, 특히 많은 영적 지도자들을 넘어지게 했습니다. 일찍이 돈의 위험성을 간파한 바울은 그의 영적 아들이자 목회자였던 디모데에게 이렇게 경고했습니다.

부하려 하는 자들은 시험과 올무와 여러 가지 어리석고 해로운 욕심에 떨어지나니 곧 사람으로 파멸과 멸망에 빠지게 하는 것이라. 돈을 사랑함이 일만 악의 뿌리가 되나니 이것을 탐내는 자들은 미혹을 받아 믿음에서 떠나 많은 근심으로써 자기를 찔렀도다. 오직 너 하나님의 사람아, 이것들을 피하고(딤전 6:9-11).

존 버니언은 『천로역정』에서 얼마나 많은 순례자들이 돈의 유혹으로 인해 넘어졌는지를 잘 보여줍니다. 주인공 크리스천과 동행자 소망이 '안락'이라는 평원에 이르렀을 때, 그 끝에는 '돈'(Lucre)이라고 불리는 은광이 있었습니다. 데마가 거기서 "별로 힘들이지 않고도 많은 재물을 얻을 수 있다"고 말하며 지나가는 순례자들을 유혹하고 있었습니다. 존 버니언은 설명합니다. "전에도 이 길을 가던 사람들 중에 더러는 희귀한 금속인 은을 보려고 옆길로 들어서서 은광의 입구까지 가까이 다가섰다가, 그만 발밑에 디딘 땅이 꺼져 버리는 바람에 죽거나 혹은 불구자가 되어 평생을 고생스럽게 보내는 자들이 부지기수였다."[1]

그렇습니다. 신앙의 길을 걷다가 돈이라는 은광에서 넘어진 순례자들은 수없이 많습니다. 많은 영적 지도자들이 돈을 사랑해서 목회를 망쳤고, 심지어 믿음에서 떠나 파멸과 멸망에 빠졌습니다. 어찌 이것이 목회자들만의 문제였겠습니까? 이것은 우리 모두의 이야기이며, 바로 지금도 우리 한국 교회가 경험하고 있는 가슴 아픈 이야기입니다. 그렇다면 무엇이 문제이며, 어디서부터 잘못된 것일까요?

하나님께서 돈과 관련해서 성경을 통해 말씀하시는 내용 가운데 우리가 유념해야 하는 이슈는 크게 두 가지로 나뉩니다. 하나는 그리스도인의 청지기직입니다. 우리는 인생이라는 기간 동안 주인의 것을 그 뜻에 맞게 사용하도록 맡은 청지기들입니다. 물론 청지기직이 돈에만 국한되는 것은 아니지만, 그리스도인의 돈 문제를 다룰 때 특별히 중요한 이슈가 됩니다.

돈과 관련하여 성경이 말하는 두 번째 이슈는 어쩌면 청지기직보다 훨씬 더 민감하게 느껴질 수도 있는 문제인데, 바로 헌금입니다. 헌금과 관련해서 한국 교회의 성도들은 어느 정도 부정적 경험을 가지고 있는 것처럼 보입니다. 이것은 부분적으로는 돈을 사랑하는 우리 모두의 죄성에 기인하는 문제이기도 하겠지만(다른 원인을 강조하기 위해서 이 문제를 가볍게 여겨서는 안 됩니다), 대개는 성경이 승인하고 있지 않은 방식으로 헌금을 강요한 교회 지도자들에 기인한 문제라는 사실을 부인할 수 없습니다.

성도 개인에게 맡겨진 재물에서 그리스도인의 청지기직과 헌금의 이슈는 서로 긴밀하게 연결되는데, 이는 교회가 가진 물질에서도 마찬가지입니다. 정상적인 상황이라면, 교회가 가진 모든 돈은 성도들이 하나님께 드린 헌금이며, 교회 지도자들은 하나님의 돈을 맡은 청지기로서 성도 개인에게 요구되는 기준보다 더 철저하게 관리하고 사용해야 할 것이기 때문입니다. 이 책에서는 주로 헌금과 관련한 돈의 주제에 집중하면서 부분적으로 청지기직의 주제를 함께 다룰까 합니다.

사실 제가 이 책에서 정말 드러내고 싶은 주제는 돈이 아니라 은혜입니다. 『은혜와 돈』이라는 제목에서 유추할 수 있듯이, 저는 '돈'이라는 주제를 통해서 '하나님의 은혜'를 말하려고 합니다. 이것은 성경이 돈에 대해서 말할 때 견지하는 방식입니다. 성경의 돈 이야기는 대부분 은혜 이야기입니다. 돈이 은혜와 분리될 때, 돈은 사람을 망치고 교회를 허뭅니다. 돈이 우리 삶에 가장 현실적이고 절실한 주제이듯이, 은혜도 그렇게 현실적이고 절실한 주제입니다. 이런 점에서 성경이 은혜와 돈, 돈과 은혜의 두 개념을 한 쌍으로 엮는 것은 조금도 이상한 일이 아닙니다. 물론 우리 대부분은 일상의 삶에서 은혜가 그렇게까지 현실적이고 절실한 주제라는 것을 깊이 경험하고 살지는 않겠지만 말입니다. 하지만 성경에 하나님의 은혜만큼 죄인의 실존에 현실적이고 절실한 주제가 있는지 저는 모르겠습니다. 영이시며 보이지 않으시는 하나님이 우리에게 얼마나 살아 계신 실재가 되시는지는 '우리가 은혜를 아는가, 은혜를 체험하는가' 하는 문제와 연결됩니다.

　은혜는 기독교를 다른 모든 종교와 구별되게 하는 핵심 개념입니다. 이 은혜는 "만물이 주에게서 나오고 주로 말미암고 주에게로 돌아감이라"(롬 11:36)는 바울의 고백을 자신의 고백이자 찬양이 되게 합니다. 언제나 하나님께서 우리에게 먼저 사랑을 베푸시고 우리는 그 사랑에 반응하는 것입니다. 그럼에도 불구하고 '복을 받기 위해서 하나님께 헌금을 하라'는 식의 억지 요구들이 여전히 교회 강단에서 들려지는 것은 한국 교회의 부인할 수 없는 슬픈 현실입니다. 결국 은혜를 대적하는 이런 메시지들이 성경에서 나온 하나님의 뜻이 아니라는 사실을 분별하지 못한 채, 거짓 지도자들에게 휘둘려 복을 받기 위해서 혹은 저주와 형벌을 면해 보려고 헌금 행위를 하는 어리석고 무지한 사람들이 여전히 교회당 안에 넘치고 있다는 사실 또한 참으로 슬픈 우리의 자화상입니다. 은혜를 부정하는 모든 태도와 규정과 요구와 관습은 기독교도 아니고 복음도 아닙니다.

　기독교는 언제나 하나님으로부터 시작합니다. 하나님께서 죄인에게 먼저 은혜를 베푸심으로써 복음이 시작됩니다. 피조물이요 죄인인 인간은 하나님의 복을 얻어내기 위해서 먼저 하나님을 사랑할 수 없습니다. 죄인인 인간은 하나님께 의미 있을 만한 선을 행할 수 없습니다. 이 성경의 선언을 바울은 위대한 송영에 담아 표현한 바 있습니다.

누가 주께 먼저 드려서 갚으심을 받겠느냐(롬 11:35).

    아무도 하나님께 먼저 무엇인가를 드려서 하나님으로 하여금 갚아야겠다고 생각하시게 할 수 없습니다. 그 누구도 하나님을 빚지게 할 수 없습니다. 그 어떤 존재도 말입니다! 세상의 모든 피조물은 창조주 하나님으로부터 오직 받을 뿐입니다. 인간이 하나님을 향해서 할 수 있는 최상의 것은 하나님께서 먼저 베풀어 주신 은혜와 사랑에 응답하는 것입니다. 이것이 기독교 신앙의 중요한 전제입니다. 하나님이 주도하시고 우리는 응답합니다. 하나님이 은혜를 베푸시고, 우리는 그 은혜에 감격하여 반응합니다. 이 은혜가 돈을 거룩하게 하고 영광스럽게 합니다.

    돈이라는 주제를 다룰 때 언제나 인식해야 하는 것은 우리 마음의 죄성입니다. 신자라고 해서 예외가 아니며 목사도 마찬가지입니다. 돈은 사람의 마음을 움직이는 위력을 가지고 있습니다. 하나님께서 우리 마음에 "소원을 두고 행하게" 하시듯(빌 2:13), 돈도 우리 마음에 소원을 주는 힘이 있다는 사실은 정말 놀랍기 그지없습니다. 돈이 있으면 소원이 생기고 희망도 생깁니다. 주님께서 "네 보물 있는 그곳에는 네 마음도 있느니라"고 하신 말씀도 돈이 마음을 움직이는 힘이 있음을 암시합니다(마 6:21). 돈이 우리의 죄성과 만나서 한길을 걷도록 허락하면, 사람도 조직도 교회도 무너지지 않을 수 없습니다. 그래서 돈은 위험합니다. 돈이 은혜로 채워진 우리의 마음과 만날 때, 비로소 우리는 돈의 위험에서 벗어나 돈으로 하나님을 섬기는 자리에 서게 됩니다.

이와 관련해서 떠오르는 이야기가 하나 있습니다. 예전에 주로 부흥사들이 많이 하던 예화로, 한 번쯤 들어 보았음직한 이야기입니다. 어느 시골 교회에 한 가난한 가정의 소녀가 다니고 있었는데, 그가 하나님께 이렇게 기도했다고 합니다. "하나님, 제가 나중에 우리 교회에서 십일조를 제일 많이 드리는 사람이 되게 해주세요." 이렇게 기도한 소녀는 훗날 큰 부자가 되어서 자신이 기도한 대로 십일조를 가장 많이 드리는 교인이 되었다고 합니다. 하나님께서 그 소녀의 순전한 기도에 응답하셔서 된 일이라는 결론으로 이 이야기는 마무리됩니다. 그 소녀의 순전한 마음을 폄하하고 싶은 마음은 추호도 없지만, 이런 식의 기도에는 우리도 모르는 사이에 우리 안의 죄성이 함께 작동하기 쉽습니다. 이 기도는 바꿔 표현하면, "하나님, 제가 우리 교회에서 가장 큰 부자가 되게 해주세요"라는 기도와 다르지 않습니다. 거룩한 소원과 더러운 탐욕을 가르는 선은 무엇일까요? 정욕과 기도는 만나지 말아야 할 짝입니다(약 4:3).

깨끗한 부자 곧 청부(淸富)든, 거룩한 부자 곧 성부(聖富)든, 부자가 되려는 마음 자체가 위험하다고 성경은 지적합니다.

부하려 하는 자들은 시험과 올무와 여러 가지 어리석고 해로운 욕심에 떨어지나니 곧 사람으로 파멸과 멸망에 빠지게 하는 것이라(딤전 6:9).

바울이 "부하려 하는 자들은"이라고 말했을 때, 이것은 깨끗한 부자가 되려고 하거나 거룩한 부자가 되려고 하는 모든 사람을 포함해서 말한 것입니다. 믿는 사람 중에 더러운 부자, 비열한 부자가 되려고 하는 자가 있겠습니까? 그래서 아굴은 이렇게 지혜롭게 기도했습니다.

나를 가난하게도 마옵시고 부하게도 마옵시고 오직 필요한 양식으로 나를 먹이시옵소서. 혹 내가 배불러서 하나님을 모른다 여호와가 누구냐 할까 하오며 혹 내가 가난하여 도둑질하고 내 하나님의 이름을 욕되게 할까 두려워함이니이다(잠 30:8-9).

돈은 사람의 마음을 훔치는 강력한 존재라는 사실을 인식해야 합니다. 돈은 이렇게 우리 죄성을 교묘하게 흔들고 기만적으로 작동할 수 있습니다. 하나님께 드리는 헌금이라고 다르지 않습니다. 헌금도 엄연히 돈이기 때문입니다. 그러므로 돈의 문제를 다룰 때, 우리는 언제나 죄성이라는 기만적 요소를 가볍게 보아서는 안 됩니다. 돈 때문에 넘어진 교회의 영적 지도자들의 그 릇된 본을 너무나 많이 보아 온 우리의 현실을 생각할 때, 이런 주의와 경고를 반복하는 것은 결코 지나친 일이 아니며 수고롭 다고 할 수도 없습니다.

이 책은 제가 전에 섬겼던 죠이선교교회와 지금 섬기고 있 는 벧샬롬교회에서 돈과 관련하여 설교했던 내용을 바탕으로 다 시 집필한 것입니다. 저는 그 각각의 설교가 기초하고 있는 성경 본문이 구약이든 신약이든, 그 모든 내용이 은혜와 연결되어 있 다는 사실을 발견했습니다. 이 책을 통해 그 내용을 독자들과 나 누고 싶습니다. 돈이 언제나 은혜와 연결되어 있다는 말을 뒤집 어 표현하면, 은혜 없이 돈에 관해 가르치거나 다룰 때 우리는 언 제나 "시험과 올무와 여러 가지 어리석고 해로운 욕심"(딤전 6:9) 에 떨어져 파멸과 멸망에 빠지게 하는 심각한 위험에 놓일 수밖에 없다는 것입니다. 돈은 죄성과 만나는 대신 은혜와 만나야 합니다.

이 책은 총 8장으로 구성되어 있습니다. 처음 네 장은 구약 성경을 본문으로 다루었습니다. 1장은 다윗의 생애 마지막에 초 점을 맞추었습니다. 다윗이 아들 솔로몬의 성전 건축을 위하여 예물을 드림으로써 재료를 준비하는 과정을 보면서, 우리는 다 윗을 돈의 가공할 위력으로부터 지켜 준 은혜에 주목할 것입니 다. 오직 은혜만이 우리를 돈의 위력에서 지켜 줄 수 있다는 교훈을 얻기를 바랍니다. 출애굽기를 본문으로 다루는 2장은 성막 건축과 관련한 헌금 이야기입니다. 하나님께서 성막을 짓기 위하여 예물을 드리라고 명령했을 때 중요하게 여기셨던 원리가 무엇이었는지를 살펴볼 것입니다. 이 원리가 신약성경의 강조점과 조금도 다르지 않다는 것을 보게 될 것입니다.

3장과 4장은 민수기를 본문으로 다루었습니다. 3장에서는 모세의 율법에서 헌금을 명하시는 본문들을 살펴보면서, '헌금을 드리라는 하나님의 명령이 어떻게 은혜와 모순되지 않으며, 여전히 은혜로운 헌금을 드리게 할 수 있는가' 하는 문제를 다룹니다. 헌금 설교에 대한 무의식적이고 동시 발생적인 거부 반응을 경험해 본 우리 대다수로 하여금 깊이 생각하게 하는 주제가 될 것입니다. 4장은 하나님께서 모세의 율법에서 제사장과 레위인의 몫으로 정해 주신 것과 관련하여 십일조의 문제를 다루게 됩니다. 십일조를 의무의 관점이 아니라 은혜의 관점에서 바라보게 하고, 전임사역자에 대한 교회 공동체의 책임과 형제 및 이웃 사랑의 차원에서 보도록 도와줄 것입니다.

5장부터 8장은 신약성경, 그중에서도 고린도후서 8-9장의 흐름을 따라가면서 은혜와 돈이라는 주제에 접근했습니다. 예루살렘 교회의 가난한 형제들을 돕기 위해 바울이 많은 이방인 교회들을 다니며 모금했던 일을 이 본문이 집중적으로 다루고 있기에, 헌금과 관련하여 우리가 얻을 수 있는 교훈이 적지 않습니다. 은혜와 돈, 돈과 은혜의 관계가 얼마나 놀랍게 하나님을 영화롭게 하는 황금사슬을 이루는지 보면서, 돈을 보는 우리의 관점이 바뀌고 우리 모두의 마음에 새로운 소망이 생겼으면 좋겠습니다.

은혜와 돈의 주제를 다루는 내내, 돈 때문에 병들어 무너진 한국 교회가 다시 은혜를 회복하고 영광스러운 '은혜의 황금사슬' 가운데 들어오게 되기를 구하는 마음이 간절했습니다. 아무쪼록 이 책을 통해 성도들이 돈 때문에 망하는 것이 아니라, 돈에 감춰진 은혜의 신비를 보다 깊이 경험하여 하나님을 영화롭게 하는 자리에 서기를 바랍니다. 그래서 다윗이 인생의 마지막 순간 드렸던 "나와 내 백성이 무엇이기에 이처럼 즐거운 마음으로 드릴 힘이 있었나이까. 모든 것이 주께로 말미암았사오니 우리가 주의 손에서 받은 것으로 주께 드렸을 뿐이니이다"(대상 29:14)라는 고백이 우리 모두의 고백이 되고, 한국 교회 모든 성도의 고백이 되기를 간절히 바랍니다.

마지막으로 이 책이 나오기까지 도움을 주신 분들께 감사의 말을 전하며 글을 맺겠습니다. 졸저를 읽고 추천사를 써 주신 이찬수, 화종부, 김경수, 이정규 목사님, 한병수 교수님, 정민영 선교사님께 심심한 감사를 드립니다. 또한 이 책의 출판을 제안해 준 복 있는 사람 출판사 박종현 대표님과, 한 권의 책으로 완성되기까지 저와 많은 대화를 나누며 수고를 아끼지 않은 문준호 편집자님, 표지와 내지를 아름답게 꾸며 준 채승 디자이너님에게 감사의 마음을 전합니다. 특별히 지금까지 돈이 아니라 은혜를 붙잡고 삼십여 년의 여정을 함께한 사랑하는 아내 희정에게 감사와 사랑을 전합니다.

2019년 3월
김형익

1장 　　　　　　돈의 가공할 위력에서 지켜 주는 은혜

¹⁰다윗이 온 회중 앞에서 여호와를 송축하여 이르되 우리 조상 이스라엘의 하나님 여호와여, 주는 영원부터 영원까지 송축을 받으시옵소서. ¹¹여호와여, 위대하심과 권능과 영광과 승리와 위엄이 다 주께 속하였사오니 천지에 있는 것이 다 주의 것이로소이다. 여호와여, 주권도 주께 속하였사오니 주는 높으사 만물의 머리이심이니이다. ¹²부와 귀가 주께로 말미암고 또 주는 만물의 주재가 되사 손에 권세와 능력이 있사오니 모든 사람을 크게 하심과 강하게 하심이 주의 손에 있나이다. ¹³우리 하나님이여, 이제 우리가 주께 감사하오며 주의 영화로운 이름을 찬양하나이다. ¹⁴나와 내 백성이 무엇이기에 이처럼 즐거운 마음으로 드릴 힘이 있었나이까. 모든 것이 주께로 말미암았사오니 우리가 주의 손에서 받은 것으로 주께 드렸을 뿐이니이다. ¹⁵우리는 우리 조상들과 같이 주님 앞에서 이방 나그네와 거류민들이라. 세상에 있는 날이 그림자 같아서 희망이 없나이다. ¹⁶우리 하나님 여호와여, 우리가 주의 거룩한 이름을 위하여 성전을 건축하려고 미리 저축한 이 모든 물건이 다 주의 손에서 왔사오니 다 주의 것이니이다.

◆ 대상 29:10-16

다윗은 성경에서 우리에게 가장 익숙한 인물 중 한 사람입니다. 세상에 굴곡 없는 인생이 어디 있겠습니까마는, 그는 정말 극적인 인생을 살았던 사람입니다. 다윗은 성경에 가장 많은 기록을 남긴 인물이기도 한데, 그가 쓴 대부분의 글은 자신의 마음 깊은 곳에서 우러나온 찬송과 기도와 시입니다. 하지만 그는 동시에 왕의 권력을 이용하여 유부녀를 범한 강간범이며, 그 여인의 남편이자 자신의 충신이었던 장수를 사지로 내몰아 죽게 만든 비정한 살인교사범이기도 합니다. 이스라엘 역사에서 가장 거룩한 왕이었던 동시에 가장 비열하고 더러운 죄를 범한 사람이 바로 다윗입니다.

인생의 마지막 순간

다윗은 베들레헴에 사는 이새라는 사람의 여덟 번째 아들이자 막내아들로 태어났습니다. 평범한 집안에서 태어난 목동이 훗날 이스라엘의 왕이 된 것입니다. 사실, 앞에서 열거한 사건 외에도 다윗의 인생이 얼마나 드라마틱했는지는 성경에 기록된 그의 이야기를 읽어 본 사람이면 다 압니다. 이런 다윗의 인생에서 '은혜와 돈'이라는 주제와 관련하여 떠올릴 만한 사건이 있을까요?

제 머리를 가장 먼저 스치는 본문은 다윗 인생의 마지막 순간을 기록하고 있는 역대상 29장입니다. 성경의 이 부분을 읽다 보면 '한 사람이 자신의 인생을 이보다 더 아름답게 마무리할 수 있을까?' 하는 생각이 들곤 합니다. 살아온 인생의 과정이 멋지고 화려해서 많은 사람들의 주목을 받았지만, 인생의 마지막 순간에 비참하게 추락한 사람들이 얼마나 많습니까? 그에 비하면 인생의 절정기에 강간에 살인교사라는 추악한 죄를 범한 이 이스라엘의 왕은, 인생의 마지막 순간에 많은 이들의 기억 속에서 자기 인생의 모든 오점을 지워 버리게 할 만큼 기막히게 멋진 마무리를 보여주었습니다. 어쩌면 이 성경의 기록은 다윗의 인생 전체에 대한 하나님의 평가가 아닐까 하는 생각이 듭니다. 이 기록을 읽다 보면, "주님, 저도 이런 모습으로 주님께 가고 싶습니다. 제 인생이 이렇게 아름답게 마무리되도록 은혜를 베풀어 주소서"라고 기도하게 됩니다.

나이가 들수록 자기 자신과 자신이 가진 물질, 자신이 이룬

성공에 점점 더 사로잡히는 사람들을 보지는 않습니까? 나이가 들수록 멋지게 그리스도를 닮아 가고 하나님의 성품을 반영하는 소명을 이루어 가는 것이 아니라 자기 자신에게 집착하는 것처럼 추한 삶은 없습니다. 하물며 돈에 집착하는 삶은 어떻겠습니까? 여러분은 다윗처럼 멋진 노년을 맞고 싶습니까? 무엇이 우리를 그 모든 성공과 실패의 위험으로부터 넘어지지 않도록 지켜 줄까요?

은혜를 보여주는 삶

다윗의 마지막 순간을 보면서 몇 가지 질문을 던지게 됩니다. 무엇이 그를 이렇게 만들었을까? 무엇이 강간에 살인교사의 죄를 더한 이 악마 같은 사람을 이처럼 거룩하고 아름다운 사람으로 만들었을까? 제가 발견한 대답은 은혜입니다. 다윗의 삶은 하나님의 은혜가 죄인에게 어떤 일을 할 수 있는지를 잘 보여줍니다. 여기서 특별히 주목할 만한 점은 '하나님의 은혜가 돈과 물질에 대한 다윗의 생각과 가치에 어떤 변화를 일으켰는가' 하는 것입니다.

　　역대상 29장은 다윗이 죽기 전에 평생의 소원이었던 성전 건축을 위해 자신의 모든 재산을 하나님께 드리는 내용을 담고 있습니다. 먼저 다윗 왕이 기쁨과 자원하는 마음으로 자신이 소유한 금과 은과 재물을 하나님의 성전 건축을 위해 드리자, 이 모습을 지켜본 지도자들 또한 하나같이 감동하여 하나님께 예물을 기꺼이 드립니다. 하나님께 자신들의 모든 소유를 드린 왕과 지도자들의 마음은 기쁨으로 충만해졌습니다. 이것은 그들만의 기쁨으로 끝나지 않았습니다. 본문은 이를 지켜본 백성이 함께 기뻐했다고 말합니다. 자원하여 드림, 성심으로 드림, 그리고 기뻐함을 본문은 강조하고 있습니다. 얼핏 보면 이 본문은 소위 '성전 건축'을 위한 헌금을 독려하기에 딱 좋은 말씀처럼 보입니다. 하지만 이 본문에서 우리가 읽어야 하는 것은 '성전 건축을 위하여 헌금을 드리자'가 아닙니다. 다시 말하자면, 우리는 이 본문에서 하나님의 은혜가 어떻게 다윗을 이토록 영광스러운 자리까지 오게 했는지를 읽어 내야 합니다. 이런 관점에서 읽을 때 우리는 다윗과 지도자들이 드린 예물이 아니라, 그들로 하여금 그렇게 자신들의 소중한 예물을 하나님께 드리게 만든 하나님의 은혜를 보게 됩니다.

돈이 아니라 마음

이 본문에서 우리가 먼저 주목해야 하는 것은 다윗의 돈이나 헌금이 아니라 다윗의 마음입니다. 저는 그의 마음을 '하나님의 영광을 위한 다윗의 열심'이라고 표현하고 싶습니다. 이스라엘의 왕이 된 다윗에게는 일평생 하나님의 성전을 건축하고 싶은 마음이 강렬하게 자리하고 있었습니다. 하나님은 이런 다윗의 마음을 인정하셨지만, 그 일을 허락하지는 않으셨습니다(삼하 7:1-17). 하나님의 결정을 겸허하게 그리고 영광스럽게 받아들인 다윗은,[2] 아들 솔로몬이 성전을 건축할 수 있도록 자기 생전에 할 수 있는 준비를 모두 마친 뒤에 죽기를 원했습니다. 우리는 다윗이 하나님을 얼마나 사랑했는지를 시편에 남긴 그의 많은 고백들을 통해서 이미 알고 있습니다. 시편에 담긴 다윗의 찬송과 기도는 하나님을 향한 그의 절절한 마음을 보여줍니다. 다윗이 예물을 드린 이야기에서 중요한 것은 '다윗이 무엇을 성취했고 그가 얼마나 많은 헌금을 바쳤는가' 하는 것이 아니라, '이렇게 행동하는 다윗의 마음이 어떠했고 그의 갈망이 무엇이었는가' 하는 것입니다. 하나님이 받으신 것은 다윗과 지도자들이 드린 예물 이전에, 바로 그들의 마음이었습니다. 우리가 어떤 갈망, 어떤 마음을 가지고 사느냐가 우리 인생의 마지막을 결정합니다. 인생의 마지막 순간에 서게 될 때, 인간은 자신이 누구인지 드러내게 되어 있습니다. 다윗의 마지막이 그것을 잘 보여줍니다. 그는 최상의 존재이신 하나님을 최상의 섬김과 헌신으로 섬기고 예배하는 것이 무엇인지를 인생의 마지막에 보여주었습니다. 이것은 다 윗이 평생에 받아 누린 하나님의 은혜에 대한 반응이고 그 은혜 를 반영하는 것입니다.

예배와 우상숭배 사이

'은혜와 돈'이라는 주제에 접근하기 위해 이 본문에서 가장 먼 저 주목하려고 하는 사실은, 처음부터 끝까지 하나님이 어떤 분 이신지를 인정하고 있는 다윗의 태도입니다. '예배'를 의미하는 영어 단어 'worship'은 '합당하다', '그만한 가치가 있다'는 뜻의 'worthy'라는 단어에서 나온 말입니다. 예배는 피조물이 하나님 을 창조주요 구원주요 심판주이신 하나님으로 인정하는 태도를 가장 온전하게 표현하는 방식입니다. 이와 같은 맥락에서 하나님 의 형상으로 창조된 인간은 온전한 예배를 하나님께 드릴 수 있습 니다.

하지만 하나님을 하나님으로 인정하지 않는 사람들이 있을 텐데, 이들이 가진 모든 마음과 태도는 죄입니다. 다시 말해, 예 배의 반대말은 바로 죄입니다. 하나님이 더 이상 하나님이 아니 라면, 하나님을 하나님으로 인정할 수 없다면, 우리는 뭔가 다른 것을 하나님의 자리에 두고 그것을 하나님으로 섬기게 됩니다.

하나님을 하나님으로 인정하지 않는 자리에 오는 것이 우상입니다. 우상은 하나님의 자리를 차지한 어떤 것입니다. 종교개혁자 장 칼뱅은 하나님 없는 인간의 마음을 '우상 공장'에 비유했습니다.[3] 우상 공장인 인간의 마음은 자연스럽게 하나님의 자리에 우상을 세웁니다. 그리고 돈은 우상들 중에서도 가장 무섭고 간교한 우상입니다.

하나님이 하나님으로 인정될 때 사람은 하나님을 예배하게 되고, 하나님을 예배하는 사람은 하나님을 위해서 인생의 시간을 아낌없이 드릴 수 있습니다. 하나님보다 더 높은 가치와 목적과 이유를 가지지 않을 때, 하나님이 최고의 가치와 목적과 이유가 될 때, 사람은 하나님을 위해서 어떤 희생도 마다하지 않을 수 있습니다. 이것이 역대상 29장의 기록이 보여주고 있는 다윗의 모습입니다.

하나님의 주권 인정하기

다윗에게 하나님은 모든 것이었습니다. 말로만이 아니라 정말로 모든 것이었습니다. 다윗이 인생의 모든 순간에 언제나 그랬던 것은 아니지만, 적어도 그 인생의 마지막 순간에는 하나님 한분으로 만족할 수 있었습니다.

여호와여, 위대하심과 권능과 영광과 승리와 위엄이 다 주께 속하였사오니 천지에 있는 것이 다 주의 것이로소이다. 여호와여, 주권도 주께 속하였사오니 주는 높으사 만물의 머리이심이니이다. 부와 귀가 주께로 말미암고 또 주는 만물의 주재가 되사 손에 권세와 능력이 있사오니 모든 사람을 크게 하심과 강하게 하심이 주의 손에 있나이다(대상 29:11-12).

이것은 어떤 찬송가 가사를 인용한 것이 아니라, 다윗이 자신의 말로 하나님께 고백한 말입니다. 다윗은 자신이 소유한 영토의 광대함과 자기 왕위의 권능과 자기가 얻은 영광과 전쟁에서의 승리와 왕의 위엄, 이 모든 것이 자기 것이 아니라고 말합니다. 그것들이 다 하나님께 속하였고, 하나님께로부터 나왔으며, 자기에게 주어진 은혜였다는 고백입니다. 이것은 다윗이 성경이 가르치는 청지기직이 무엇인지를 정확하게 알고 있었다는 것을 의미합니다.

모든 부귀가 하나님께로부터 비롯되는 것이고, 사람을 크고 강하게 하는 것도 하나님의 주권에 속한 일이라고 다윗은 말합니다. 즉 자기 힘으로 왕이 된 것이 아니며, 자기 인생에서 얻은 모든 것이 다 하나님의 은혜라는 고백입니다. 하나님이 주신 것을 하나님께 돌려드리는 것, 이것이 다윗이 보여주는 살아 있는 예배의 모습입니다. 잘될 때만이 아니라 잘 안 될 때에도 여전히 하나님의 주권을 인정하고 하나님을 하나님으로 인정하는 태도는 매우 중요합니다. 하나님은 우리 삶의 모든 순간에 하나님으로 인정받으시고 예배를 받으시기에 너무나 합당한 하나님이십니다. 우리는 각자의 삶에서 이따금 벌어지는 씁쓸하고 좋지 않은 어떤 일들 때문에 하나님을 원망하곤 합니다. 반대로 좋은 일들에 대해서는 자기 능력 때문인 것처럼 우쭐하곤 합니다. 이런 태도와 마음은 모두 하나님을 하나님으로 인정하지 않는 삶, 곧 예배가 없는 삶을 보여줍니다. 우리 삶 가운데 "무슨 일을 만나든지 만사형통하리라"는 찬송가의 고백은,[4] 신실한 성도들이 하나님을 하나님으로 인정할 때 고백할 수 있는 살아 있는 값진 예배의 태도입니다. 이런 예배는 하나님의 은혜가 만들어 낸 결과입니다. 이와 같은 예배가 우리의 삶 가운데 있을 때, 우리에게 주어진 돈은 우리를 넘어지게 하는 올무가 되지 않습니다.

최상의 헌신

다윗은 하나님께 최상의 것을 드리면서 이렇게 고백합니다.

나와 내 백성이 무엇이기에 이처럼 즐거운 마음으로 드릴 힘이 있었나이까. 모든 것이 주께로 말미암았사오니 우리가 주의 손에서 받은 것으로 주께 드렸을 뿐이니이다(대상 29:14).

다윗의 이 고백은 최상의 헌신이 무엇인지를 보여줍니다. 이 고백이 하나님께 헌금을 드리는 우리 마음의 고백을 대변합니까? 모든 것이 하나님께로부터 온 것인지 모르는 사람은 결코 최상의 것을 하나님께 드릴 수 없습니다. 자기가 가진 모든 것이 하나님께로부터 온 것임을 알지 못하고 자기 힘과 자기 능력으로 이룬 것이라고 여기는 사람은 '자기 것'을 하나님께 드릴 뿐입니다. 자기가 수고해서 얻은 소산과 수입에서 떼어 자기 것을 하나님께 드리는 것이라면, 감사를 표해야 하는 쪽은 그것을 받으시는 하나님입니다. 그래서 이런 태도로 하나님께 헌금을 드리는 사람은 언제나 장부를 가지고 계산을 하게 됩니다. 내가 하나님께 드린 것이 얼마나 많은지, 그리고 상대적으로 하나님께서 내게 베풀어 주신(더 정직하게 표현하면, 보답해 주신) 것이 얼마나 적은지를 생각합니다. 이런 마음과 태도로 드리는 사람은 결코 최상의 것을 하나님께 드릴 수 없습니다. 최상의 것을 하나님께 드릴 수 있는 유일한 조건은, 자신의 모든 것이 다 하나님께로부터 온 것이며 은혜로 주어졌고 맡겨진 것이라는 사실을 아는 것입니다. 이것을 알지 못하고 인정할 수 없다면, 그는 결코 하나님보다 돈을 더 사랑하는 일에서 자유롭게 될 수 없고 헌금은 힘든 의무로 전락하고 말 것입니다. 우리가 하나님께로부터 받는 존재가 아니라 하나님을 도와드리고 봉양하는 존재가 되고, 우리 마음에서 감사가 질식당하여 소멸되며, 하나님이 우리에게 감사를 표시하셔야 하는 분이 되고 맙니다. 주객이 바뀌는 것입니다. 이것은 불신앙의 극치요, 하나님과 피조물의 관계를 뒤바꾸는 행위입니다.

분명히 성경이 가르치는 구원 얻는 믿음, 하나님께서 우리를 의롭다고 인정해 주시는 믿음은, 하나님이 계시고 그분이 나를 사랑하셔서 독생자를 세상에 주셨다는 것에 대한 단순한 지적 동의가 아닙니다. 복음이 은혜라는 통로를 통해 우리에게 주어질 때, 머리에만 머물던 지적 동의는 전인적인 반응을 일으킵니다.

주님을 알지 못하다가 알게 되었을 때, 복음을 머리로만 알다가 가슴으로 알게 되었을 때, 그리고 성령으로 말미암아 여러분에게 일어난 변화가 무엇인지 기억하십니까? 그 순간은 내 생명, 내 재산, 내 건강, 내 자식, 내게 속한 그 모든 것이 다 하나님께로부터 내게 주어진 것이라는 사실을 알게 되는 순간, 곧 은혜를 받는 순간입니다. 구원 얻는 믿음은 하나님을 아는 지식에 근거합니다. 그 하나님은 다윗이 고백했던 바로 그 하나님이십니다. 하나님의 은혜로 구원을 얻은 성도는 모든 것이 하나님의 주권 가운데 있다는 사실을 인정하게 됩니다. 이것은 너무나 자연스럽고도 당연한 결과입니다.

드리는 자의 감사와 드림의 전염성

다윗은 최상의 것을 하나님께 드리면서도 하나님께 감사를 요구하지 않습니다. 도리어 이렇게 하나님께 기쁨으로 드릴 수 있는 것이 은혜라고 고백하면서 감격 가운데 하나님께 감사를 표합니다. 주님의 손에서 받은 것을 주님께 드렸다는 사실을 알기 때문입니다. 이런 사람은 하나님과 계산하거나 흥정하려고 하지 않습니다. 하나님의 은혜는 사람 안에 깊은 만족감을 주고, 그 만족감은 하나님께 드리는 사람으로 하여금 감사하게 합니다. 이것이 우리가 절박하게 하나님의 은혜를 필요로 하는 이유입니다.

　이런 태도가 마음 깊은 곳에서 흘러나올 때, 그 파급력은 놀랍습니다. 이스라엘 지도자들은 하나님을 향한 다윗의 마음과 헌신을 보고 깊은 감동을 받았습니다. 그들은 모든 가문의 지도자들, 이스라엘 모든 지파의 지도자들, 그리고 천부장과 백부장 외에 왕의 사무관들이었습니다. 이 사람들도 자신들의 재산을 성전 건축을 위하여 기쁨으로 그리고 자발적으로 드리기에 이르렀습니다. 성전 건축을 위하여 그들이 드린 헌금의 액수는 적지 않았습니다. 그 액수를 오늘날 단위로 환산하면, 금 170톤, 8.4그램의 금화 10,000개, 은 340톤, 동 610톤, 그리고 철 3,400톤입니다(대상 29:7). 실로 어마어마한 액수입니다. 이렇게 어마어마한 보화를 하나님께 드린 것은 단지 그들이 귀족이나 부자였기 때문이 아닙니다. 그들은 기쁜 마음으로 드렸습니다! 이것은 그들이 은혜를 받아 믿음으로 드렸다는 것을 보여주는 중요한 증표입니다. 은혜가 다윗으로 하여금 드리는 자로서 감격에 겨워 하나님께 감사를 드리게 만들었듯이, 똑같은 방식으로 왕의 지도자들도 자신들의 보화를 하나님께 드리면서 감격해하고 하나님께 감사한 마음을 표합니다.

드림의 이야기는 여기서 끝나지 않습니다. 지도자들이 자발적으로 하나님께 자기들의 최상의 것을 성심으로 드리는 것을 본 백성이 다시 감동을 받았고 왕과 함께 기뻐하였습니다. 이것은 단순히 가진 것이 있어서 하나님께 드릴 수 있었던 사람들만의 기쁨이 아니었습니다. 하나님께 최상의 것을 드리는 왕과 지도자들의 모습은 모든 백성에게 기쁨이 되었습니다.

> 백성들은 자원하여 드렸으므로 기뻐하였으니 곧 그들이 성심으로 여호와께 자원하여 드렸으므로 다윗 왕도 심히 기뻐하니라(대상 29:9).

이 본문을 얼핏 보면 이스라엘 백성도 자원하는 마음과 성심으로 드렸다고 읽기 쉽지만, 본문은 지도자들이 기쁨과 성심으로 하나님께 드리는 것을 보고 백성이 기뻐하였다는 것을 강조하는 듯합니다. 새번역 성경은 이 구절을 이렇게 번역합니다.

그들이 기꺼이 주님께 예물을 바쳤으므로, 그들이 이렇게 기꺼이 바치게 된 것을, 백성도 기뻐하고, 다윗 왕도 크게 기뻐하였다.

이 이야기는 왕과 지도자들이 성전 건축을 위해서 그들의 재산 중 많은 것을 헌금으로 드렸다는 차원을 넘어섭니다. 본문은 그들이 하나님께 드린 돈의 액수에 주목하지 않습니다. 그 대신 그들로 하여금 그렇게 자발적으로 그리고 기쁨으로 최상의 것을 하나님께 드릴 수 있게 만든 하나님의 은혜에 주목하게 합니다.

은혜 받은 사람이 드러내는 겸손

역대상 29장은 다윗이 하나님을 하나님으로 인정해서 최상의 것을 드렸다는 것 이상의 중요한 이야기를 하고 있습니다. 다윗은 하나님을 하나님으로 인정했을 뿐 아니라 자신을 '피조물'로 인정했습니다. 성경이 가르치는 겸손은 피조물이 창조주 하나님 앞에서 자신을 피조물로 인정하는 태도에서 나옵니다. 다윗의 겸손은 최상의 것을 하나님께 드리고 나서 그 모든 것이 하나님의 은혜였다고 고백할 때 그 향기를 발산합니다.

　　최상의 것을 드릴 줄 모르고 최상의 것을 드리지 않으면서도 하나님의 은혜를 말할 수 있습니다. 하지만 그것은 값싼 은혜, 싸구려 은혜에 불과합니다. 하나님의 은혜가 무상으로 거저 주어진다는 것은 은혜가 싸구려여서가 아닙니다. 그 은혜가 너무나 비싸서 우리의 능력과 돈으로는 살 수 있을 것이라고 상상조차 할 수 없는 불가능한 가치를 가졌기에 하나님께서 우리에게 그 은혜를 거저 주시는 것입니다. 이 은혜를 제대로 경험한 사람은 피조물과 죄인으로서 자기 존재를 아는 사람이고 겸손을 아는 사람입니다. 진정으로 이 은혜를 알고 경험하고 살아가노라면, 살면 살수록 점점 더 겸손해지게 될 것입니다. 겸손은 은혜를 받은 사실에 대한 내적 증거입니다. 다음과 같은 다윗의 고백은 다윗이 자신을 어떻게 인식하고 있었는지를 보여줍니다.

　　우리는 우리 조상들과 같이 주님 앞에서 이방 나그네와 거류민들이라. 세상에 있는 날이 그림자 같아서 희망이 없나이다(대상 29:15).

다윗은 이스라엘의 왕이었지만 하나님 앞에서도 왕이었던 것은 아닙니다. 그는 하나님 앞에서 자신은 그저 지나가는 그림자 같은 인생에 불과하다는 사실을 알았습니다. 만일 역사 속에서 제국을 호령했던 왕들이 하나님 앞에서 이런 자신의 존재를 알고 인정할 수 있었다면 얼마나 복된 자들이 되었겠습니까? 얼마나 겸손하고 매력적인 왕들이 될 수 있었겠습니까? 인류 역사상 수많은 왕들이 있었지만 겸손한 왕은 거의 찾아볼 수 없습니다. 하지만 다윗은 적어도 그 인생의 마지막 순간에 겸손한 왕의 모습을 보여줍니다. 다시 말해, 그는 천지의 주재요 만왕의 왕이신 분, 그러나 겸손한 왕으로 이 땅에 오신 구주 예수님의 모습을 잘 보여줍니다. 하나님이 오라고 부르시면 우리는 평생 그토록 심혈을 기울이고 애착을 가지던 모든 일을 내려놓고, 사랑하던 모든 사람을 두고 주님께 돌아가야 하는 인생입니다. 우리의 사회적 지위, 성취, 명예, 학식, 소유가 어떠하든지 말입니다. 이것을 알고 사는 것이 은혜를 받은 사람이 드러내는 겸손입니다. 우리는 하나님 앞에서 다 그림자 같은 존재일 뿐이며, 세상에서 우리를 구별해 주는 모든 신분과 차이는 하늘과 땅을 지으신 하나님 앞에서 아무것도 아니라는 사실을 알고 매일 그것을 기억하며 살아야 합니다.

은혜, 하나님의 은혜

하나님의 은혜가 다윗을 이 자리까지 인도했습니다. 다윗이 바울의 이 고백을 들었더라면 전심으로 공감을 표했을 것입니다.

> 내가 나 된 것은 하나님의 은혜로 된 것이니 내게 주신 그의 은혜가 헛되지 아니하여 내가 모든 사도보다 더 많이 수고하였으나 내가 한 것이 아니요 오직 나와 함께하신 하나님의 은혜로라(고전 15:10).

인생의 마지막 순간에 이런 고백을 하는 사람은 인생을 잘 산 사람이고 복된 사람입니다. 하나님을 하나님으로 인정하고, 최상의 것을 드리며, 자기가 누구인지 아는 겸손은 은혜가 하는 일이 무엇인지를 보여줍니다. 그뿐만 아니라 이 은혜가 우리가 가졌거나 가지지 못한 모든 소유, 물질, 돈으로부터 우리를 넘어지지 않도록 붙잡아 주는 열쇠라는 사실도 배우게 됩니다.

인생의 한때 절제되지 않은 욕정으로 인하여 무너졌던 다윗은, 그 인생의 마지막 순간에 돈 때문에 무너지지 않았습니다. 한때 대단한 영향을 미쳤던 많은 영적 지도자들이 인생의 마지막 즈음에 돈 문제로 무너지는 모습을 우리는 얼마나 많이 보고 있습니까? 다윗의 인생은 이런 모습과는 판이하게 다른 이야기를 우리에게 들려줍니다. 돈 때문에 추한 인생이 되지 않는 길은, 은혜를 받고 그 은혜가 인생을 이끌어 가도록 하는 것입니다.

하나님의 은혜가 어떻게 사람으로 하여금 돈 때문에 넘어지지 않도록 붙들어 주는 것일까요? 은혜는 하나님께서 주시는 영적 기쁨을 흘러넘치게 합니다. 그리고 이 충만한 내적 기쁨은 돈이 주는 기쁨을 사소한 것으로 만들고 넉넉히 이기게 합니다. 역대상 29장은 온통 기쁨과 즐거움의 분위기로 가득합니다. 죽음을 앞둔 왕의 비장함이 아니라, 기쁨과 즐거움이 이 본문을 지배하는 감정입니다. 드리는 사람의 감격과 감사가 여기에 있습니다.

> 나의 하나님이여, 주께서 마음을 감찰하시고 정직을 기뻐하시는
> 줄을 내가 아나이다. 내가 정직한 마음으로 이 모든 것을 즐거이
> 드렸사오며 이제 내가 또 여기 있는 주의 백성이 주께 자원하여
> 드리는 것을 보니 심히 기쁘도소이다(대상 29:17).

돈이 주는 기쁨을 이기는 길은 은혜의 기쁨을 맛보고 누리는 것입니다. 은혜는 '나는 늘 부족하다'고 불평하고 원망하게 만드는 마음을 몰아내고 내 안에 자족하는 마음을 창조합니다. 그리고 하나님이 내게 주신 모든 것으로 인해 하나님께 감사를 드

리게 합니다. 은혜는 돈을 사랑하는 마음에서 우리를 지켜 주고 넘치는 감사로 최상의 것을 하나님께 드리게 합니다. 또한 우리가 그분 앞에서 얼마나 보잘것없는 존재인지를 알게 합니다.

여러분은 돈 때문에 무너진 앞서간 수많은 사람들, 또한 돈 때문에 넘어지면서 살아가는 주변의 사람들과 다른 삶을 살 자신이 있습니까? 여러분은 인생의 오점이 있었을지라도, 인생의 마지막 순간만큼은 다윗처럼 멋진 마무리를 하고 싶은 갈망이 있습니까?

> 그가 나이 많아 늙도록 부하고 존귀를 누리다가 죽으매 그의 아들 솔로몬이 대신하여 왕이 되니라(대상 29:28).

다윗의 인생은 시작보다 끝이 좋은 인생이었습니다. 목동으로 시작해서 왕으로 죽었기 때문이 아닙니다. 그 절정기에는 입에 담기조차 더럽고 치졸한 간음과 살인교사를 저질렀고 전쟁의 피비린내로 가득 채워졌지만, 마지막에 가서는 하나님의 은혜로 아름답고 멋지게 수놓아졌기 때문입니다. 그의 성공은 그를 넘어지게 하지 못했습니다. 그의 권력도, 명예도 그를 망하게 하지 못했습니다. 수많은 사람들의 인생을 망쳐 놓았던 그 많은 소유와 돈도 다윗의 삶을 망칠 수 없었습니다.

하나님의 말씀을 너희에게 일러 주고 너희를 인도하던 자들을 생각하며 그들의 행실의 결말을 주의하여 보고 그들의 믿음을 본받으라(히 13:7).

하나님의 은혜만이 돈이 가진 가공할 위력과 그 위험으로부터 우리를 지켜 줍니다. 이것이 다윗의 생애가 우리에게 주는 교훈입니다.

1. 여러분은 돈의 위험을 느낀 적이 있습니까? 다시 말해, 돈이 내 인생과 내 신앙을 무너뜨릴 수 있겠다고 느낀 적이 있습니까?

2. 여러분은 헌금을 드릴 때 다윗과 같은 감사의 고백을 한 적이 있습니까?

   나와 내 백성이 무엇이기에 이처럼 즐거운 마음으로 드릴 힘이 있었나이까. 모든 것이 주께로 말미암았사오니 우리가 주의 손에서 받은 것으로 주께 드렸을 뿐이니이다(대상 29:14).

   헌금을 드리는 사람이 하나님께 감사의 고백을 하는 것이 왜 중요하다고 생각합니까?(34-37쪽)

3. 우리가 헌금을 드릴 때 "내가 하나님을 위해서 무언가를 해드린다"는 생각은 어떤 점에서 위험하다고 생각합니까?(34-35쪽)

4. 하나님을 하나님으로 인정하고 하나님 앞에서 우리 자신의 실존을 아는 것이 우리의 헌금 생활에 변화를 가져오는 이유는 무엇입니까?(38-39쪽)

5. 저자는 "최상의 것을 하나님께 드릴 수 있는 유일한 조건은 자신의 모든 것이 다 하나님께로부터 온 것이며 은혜로 주어졌고 맡겨진 것이라는 사실을 아는 것입니다"라고 말합니다(34쪽). 이것을 자신의 말로 설명해 봅시다.

2장

건축과 돈

¹여호와께서 모세에게 말씀하여 이르시되 ²이스라엘 자손에게 명령하여 내게 예물을 가져오라 하고 기쁜 마음으로 내는 자가 내게 바치는 모든 것을 너희는 받을지니라.

✦ 출 25:1-2

²¹마음이 감동된 모든 자와 자원하는 모든 자가 와서 회막을 짓기 위하여 그 속에서 쓸 모든 것을 위하여, 거룩한 옷을 위하여 예물을 가져다가 여호와께 드렸으니 ²²곧 마음에 원하는 남녀가 와서 팔찌와 귀고리와 가락지와 목걸이와 여러 가지 금품을 가져다가 사람마다 여호와께 금 예물을 드렸으며……²⁹마음에 자원하는 남녀는 누구나 여호와께서 모세의 손을 빌어 명령하신 모든 것을 만들기 위하여 물품을 드렸으니 이것이 이스라엘 자손이 여호와께 자원하여 드린 예물이니라.

✦ 출 35:21-22, 29

구약성경에서 '돈과 헌상(獻上)'이라는[1] 주제가 구체적으로 등장하는 정황은 하나님이 모세에게 성막을 건축하라고 명령하시는 상황입니다. 하나님은 시내산에서 모세에게 성막을 지으라고 명령하셨습니다.

> 내가 그들 중에 거할 성소를 그들이 나를 위하여 짓되 무릇 내가 네게 보이는 모양대로 장막을 짓고 기구들도 그 모양을 따라 지을지니라(출 25:8-9).

출애굽기는 열여섯 장(25-40장)에 걸쳐, 성막을 지으라는 하나님의 명령과 그 명령에 순종하여 백성이 성막을 지은 이야기를 전하고 있습니다. 여기서 성막을 지을 것인가 말 것인가, 또는 어느 정도의 규모로 성막을 지을 것인가는 문제가 될 수 없었습니다. 그 당시의 성막 건축은 오늘날 예배당을 건축하는 일과 비슷해 보일 수 있지만 본질적으로는 다른 문제였습니다. 오늘날 예배당 건축을 명백한 하나님의 뜻이라고 주장할 수는 없습니다. 예배당과 관련한 건물의 건축은 교회의 필요에 따라 교회 리더와 교인들이 하나님의 뜻을 묻는 과정을 거쳐 결정하여 실행할 수 있는 문제입니다. 건축 여부뿐만 아니라 건축의 규모 등에 대해서도 교인들이 지혜롭게 결정할 수 있습니다. 하지만 구약의 성막 건축은 전혀 다른 문제였습니다. 성막 건축은 하나님께서 친히 모세에게 명령하신 일이었기에 선택의 문제가 될 수 없었습니다. 그 규모와 모양까지도 하나님께서 구체적으로 지정해 주셨기 때문에, 몇몇 지도자들의 재량이나 지혜에 따라 결정될 일이 아니었습니다. 백성은 하나님의 분명한 명령에 순종하여 성막을 지어야만 했습니다.

건축은 예나 지금이나 부담스러운 일입니다. 고대나 현대를 막론하고 돈과 막대한 노동이 드는 일이기 때문입니다. 이스라엘 백성은 무엇으로 하나님께서 명하신 성막을 지을 수 있었을까요? 하나님께서는 성막 건축에 필요한 모든 재료를 하늘에서 쏟아부어 주지 않으셨음에도, 오히려 이스라엘 백성이 드려야 할 예물의 구체적인 목록까지 알려 주셨습니다.

이스라엘 자손에게 명령하여 내게 예물을 가져오라 하고 기쁜 마음으로 내는 자가 내게 바치는 모든 것을 너희는 받을지니라. 너희가 그들에게서 받을 예물은 이러하니 금과 은과 놋과 청색 자색 홍색 실과 가는 베 실과 염소 털과 붉은 물 들인 숫양의 가죽과 해달의 가죽과 조각목과 등유와 관유에 드는 향료와 분향할 향을 만들 향품과 호마노며 에봇과 흉패에 물릴 보석이니라(출 25:2-7).

마음, 마음, 마음

하나님이 말씀하신 예물은 오늘날로 따지면 헌금이라고 할 수 있습니다. 교회 강단에서 돈과 헌금에 대한 이야기를 꺼내는 것을 많은 사람들이 위험한 일로 여깁니다. 주님이 말씀하신 대로 보물이 있는 곳에 사람들의 마음이 있기 때문에(눅 12:34), 돈에 대한 사람들의 마음은 그 어떤 것에 대해서보다 예민합니다.

그런데 우리를 놀라게 하는 것은, 주님의 말씀 중 너무나 많은 말씀이 돈과 관련된 교훈들이었다는 사실입니다. 어떤 학자는 주님께서 공생애 기간에 하신 말씀의 3분의 1이 돈과 관련된 말씀이라고 주장하기까지 했습니다. 마음과 돈, 돈과 마음이 나뉠 수 없다는 것을 아신 주님은 돈이라는 주제를 통해 사람들의 마음 중심을 다루셨습니다. 사람이 돈을 어디에 쓰는지를 보면, 그 사람의 마음이 어디에 있는지 알 수 있습니다. 진심으로 사랑하는 연인에게 선물을 하는 사람들은 돈을 아까워하지 않습니다. 사랑은 계산하지 않습니다. 이렇게 마음과 물질, 사랑과 돈은 나뉘지 않습니다.

이와 관련하여 복음서에 기록된 한 사건을 생각해 보겠습니다. 예수님이 십자가에 못 박히기 전 마지막 주간에 있었던 일입니다. 베다니 나사로의 집에서 예수님을 위한 잔치가 벌어졌습니다. 죽었던 나사로가 살아난 것을 축하하고 나사로를 살려 주신 예수님께 식사를 대접하는 자리였을 것입니다. 그때 나사로의 누이 마리아가 보여준 행동은 그 자리에 있던 모든 사람의 이목을 끌기에 충분했습니다.

마리아는 지극히 비싼 향유 곧 순전한 나드 한 근을 가져다가 예수의 발에 붓고 자기 머리털로 그의 발을 닦으니 향유 냄새가 집에 가득하더라(요 12:3).

이재에 밝은 가룟 유다의 계산대로라면, "나드 한 근"은 삼백 데나리온에 해당합니다. 로마의 은화로 데나리온 하나는 당시 노동자의 하루 임금이었으니, 삼백 데나리온이면 일반 노동자의 일 년치 연봉에 해당하는 금액입니다. 마리아는 그것을 깨뜨려서 예수님의 발에 부었습니다!

그러자 가룟 유다가 재빨리 말합니다.

이 향유를 어찌하여 삼백 데나리온에 팔아 가난한 자들에게 주지
아니하였느냐(요 12:5).

이 말은 그 자체로는 문제가 없는 말입니다. 하지만 마리아
의 행동은 옳고 그름의 문제가 아니었습니다. 마리아는 주님을
사랑했고, 주님께서 당신의 죽으심에 대해서 하신 말씀을 알아들
은 몇 안 되는 사람이었으며, 이 행동으로써 주님을 향한 자신의
사랑을 표현했을 뿐 아니라 주님의 장사를 준비했습니다.

하지만 이미 예수님을 팔아넘기기로 작정한 가룟 유다의 마
음은 오직 돈에 있었습니다. 그가 "이렇게 말함은 가난한 자들을
생각함이 아니요 그는 도둑이라 돈궤를 맡고 거기 넣는 것을 훔
쳐 감이러라"고 성경이 기록하고 있는 그대로입니다(요 12:6).

이치에 맞는 말을 하는 것도 필요하지만, 무엇보다 어떤 마
음의 동기로 말하는지가 중요합니다. 결국 중요한 것은 하나님의
은혜를 받은 마음, 하나님의 은혜로 채워진 마음, 돈이 아니라 하
나님을 사랑하는 마음입니다.

하나님께서 이스라엘 백성에게 성막 건축에 필요한 예물을

가져오라고 명령하신 것(출 25:2)도 이런 맥락에서 읽어야 합니다. 하나님은 무엇이 필요하셔서 우리에게 물질을 가져오라고 요구하시는 것이 아닙니다. 하나님은 "무엇이 부족한 것처럼 사람의 손으로 섬김을 받으시는" 분이 아니라, "만민에게 생명과 호흡과 만물을 친히 주시는" 분입니다(행 17:25).

앞에서 말했듯이 오늘날의 예배당 건축과 본문이 다루고 있는 성막 건축이라는 주제가 본질에서 같은 맥락으로 볼 수 없다는 점은 분명하지만, 우리는 이 두 경우가 모두 돈을 필요로 하는 일이라는 점에 한정하여 헌금의 문제를 다룰 수 있고 현대적으로 적용할 수도 있을 것입니다.

하나님께서 주시지 않은 것이 없다

이스라엘 백성이 성막을 지으려면 예물 곧 금, 은, 놋, 조각목, 기타 다양한 보석과 재료들이 필요했습니다. 사백 년 이상을 살던 애굽에서 어느 날 밤에 도망치듯 황급하게 빠져나온 이 백성에게 성막 건축을 위해 드릴 만한 준비된 예물이 있었을까요? 오랜 세월 애굽에서 종살이를 하다가 광야로 나온 이스라엘 백성이 성막을 짓기 위한 예물을 가져오라는 하나님의 말씀을 들었을 때 어떤 심정이었을까요? 설령 가진 것이 있었을지라도, 그들이 곧 들어갈 것이라고 생각했던 가나안 땅에서의 정착을 위해 필요한 밑천이라고 생각하지 않았을까요? 그런데 하나님께서는 결코 적지 않은 예물을 성막 건축을 위해 바치라고 명령하지 않으십니까?

하나님은 없는 데서 찾거나 요구하지 않으십니다. 그분은 이미 이스라엘 백성에게 이때를 위하여 예물을 공급하여 주셨습니다. 그들은 전혀 눈치 챌 수 없었겠지만 말입니다. 과거 이스라엘 백성이 애굽에서 나올 때 특이한 일이 일어났습니다. 인근의 애굽 사람들이 이스라엘 백성이 구하는 대로 자신들의 물품을 내어 주는 것이었습니다. 하나님께서 애굽 사람들에게 두려움이 엄습하게 하심으로써 그렇게 하셨는지 우리는 알지 못합니다. 다만 그 일이 일어난 것은 분명합니다.

> 여호와께서 애굽 사람들에게 이스라엘 백성에게 은혜를 입히게 하사 그들이 구하는 대로 주게 하시므로 그들이 애굽 사람의 물품을 취하였더라(출 12:36).

이것은 참으로 신비한 일입니다. 이스라엘 백성이 구하는 대로 애굽 사람들이 준 것입니다! 마치 이스라엘 백성이 종살이하면서 받지 못한 임금을 애굽 사람들에게서 한꺼번에 받게 하신 일처럼 보입니다. 더 놀라운 사실은 하나님께서 이 일을 사백여 년 전 아브라함에게 미리 예언하여 알게 하셨다는 것입니다.

> 그들이 섬기는 나라를 내가 징벌할지며 그 후에 네 자손이 큰 재
> 물을 이끌고 나오리라(창 15:14).

이스라엘 백성이 얻은 재물은 결코 적은 양이 아니었습니다.

은혜와 돈의 선순환

하나님께서 백성에게서 예물을 받아 성막을 건축하라고 하신 것
은, 백성의 편에서 보면 은혜를 받은 백성이 하나님께 사랑을 표
현할 수 있는 기회였습니다. 전능하신 하나님께서는 말씀 한마디
면 성막을 완전하고 아름답게 만드실 수 있음에도, 그분의 전능한
능력으로 성막을 짓지 않으시고 그분의 자녀들이 드린 예물로 성
막 짓기를 기뻐하셨습니다. 물론 그 예물조차도 다 하나님께서 그
들의 수중에 들려 주신 것들이지만 말입니다. 그렇다면 하나님께
서 이렇게 하시는 이유는 무엇일까요? 왜 하나님은 우리가 하나님
께 드리는 예물을 통해서 어떤 일을 이루기 원하시는 것일까요?

그것은 예물 곧 돈을 하나님께 드리는 이 행위가 우리 믿음
의 성장과 깊이 연결되어 있기 때문입니다. 마음과 돈, 믿음과 물

질은 결코 무관하지 않으며, 은혜를 받은 사람은 그것을 입이 아니라 물질로 표현하게 마련입니다. 은혜를 받으면 돈에 대한 관점이 바뀝니다. 은혜를 받고 믿음이 자라면서, 물질을 사용하는 영역에서 은혜를 관대하게 베푸시는 하나님처럼 관대하게 베푸는 사람으로 변화되어 갑니다. 은혜를 받으면 헌금 생활이 변합니다. 돈은 우리 마음의 우선순위를 보여주는 지표이기 때문입니다.

그리고 하나님께 자신의 소중한 것을 드렸을 때, 우리는 다시 은혜를 받습니다. 다윗의 생애가 보여주듯, 다윗은 자기의 모든 것을 드리는 가운데 풍성한 은혜를 받지 않았습니까! 은혜와 돈은 이런 방식으로 선순환합니다.[2]

헌금의 대상

다시 성막 건축 이야기로 돌아가서, 성경이 가르치는 헌금의 원리를 생각해 보겠습니다.

첫 번째로 생각할 점은 헌금을 드려야 하는 대상이 특정인이나 교회가 아니라 언제나 하나님 자신이라는 점입니다. 이스라엘 백성이 모세와 아론 앞에 자신들의 예물을 가져왔지만, 그들은 모세와 아론에게 바친 것이 아니라 하나님께 드린 것입니다. 하나님께서는 모세에게 "내게 예물을 가져오라"고 말씀하셨

습니다(출 25:2). 예물을 드릴 대상은 하나님이시며, 이스라엘 백
성이 모세에게 가져온 예물은 하나님께 드리는 예물이었습니다.
헌금을 특정한 사람이나 교회에 드린다고 생각하면 시험에 들기
쉽습니다. 교회가 당면한 어떤 필요를 위해서 헌금을 할 때도 마
찬가지입니다. 헌금의 대상은 언제나 하나님 자신이십니다. 헌금
을 드리는 사람은 이것을 분명히 인식해야 합니다. 가령, 어느 선
교사의 사역을 위해서 헌금을 보내는 경우도 마찬가지입니다. 모
든 헌금은 하나님께 드려지는 것입니다. 바울은 자신의 사역을
위해서 물질을 보냈던 빌립보 교인들에게 이렇게 썼습니다.

> 내게는 모든 것이 있고 또 풍부한지라. 에바브로디도 편에 너희
> 가 준 것을 받으므로 내가 풍족하니 이는 받으실 만한 향기로운
> 제물이요 하나님을 기쁘시게 한 것이라(빌 4:18).

예물의 대상이 하나님이라는 사실은 드리는 사람에게만 중
요한 것이 아닙니다. 선교 사역을 위한 헌금을 받은 당사자인 바
울은 이 물질이 하나님께서 받으신 제물이라는 사실을 인식했습
니다. 오늘날 돈으로 넘어지는 많은 목사들의 타락 이면에는 이
러한 인식의 결핍이 자리합니다. 기본적으로 이 돈이 하나님의
백성이 하나님께 드린 헌금이라는 사실을 인식하지 않는다면, 드

려진 헌금을 함부로 자신의 사욕을 채우기 위해서 사용하게 되
거나, 헌금을 드린 사람 자신에게 의존하는 성향을 가지게 될 수
있습니다. 함부로 부주의하게 헌금을 사용하는 문제나, "저 사람
이 거액의 헌금을 냈으니, 계속해서 헌금할 수 있도록 저 사람에
게 잘해야겠다"고 생각하는 것은 모두 타락적 징후입니다. 선교
사나 사역자는 마땅히 헌금을 드린 사람에게 감사한 마음을 가
져야 하고 감사를 표해야 하겠지만(바울도 빌립보 교인들에게 그렇
게 했습니다, 빌 4:15-19), 그 사람에게 의존하게 되는 것은 합당
한 자세가 아닙니다. 헌금의 대상이 하나님 자신이시라는 사실을
놓치면, 우리는 우리가 드린 그 돈 때문에 넘어지고 맙니다.

있는 것을 받으시는 하나님

헌금과 관련하여 두 번째로 중요한 원리는, 하나님은 있는 것을
받으신다는 것입니다. 출애굽기 35장은 이스라엘 백성이 성막을
짓기 위해 예물을 드리는 이야기를 기록하고 있습니다. 모세는
다시 백성에게 성막 건축을 위한 예물을 드리라고 말합니다.

> 너희의 소유 중에서 너희는 여호와께 드릴 것을 택하되 마음에 원
> 하는 자는 누구든지 그것을 가져다가 여호와께 드릴지니(출 35:5).

"너희의 소유 중에서"라고 한 것은, 이미 가지고 있는 것을 받으시겠다는 하나님의 마음을 보여줍니다. 바울은 예루살렘 교회를 위한 모금을 하는 과정에서 고린도 교인들에게 이렇게 말했습니다.

> 할 마음만 있으면 있는 대로 받으실 터이요 없는 것을 받지 아니하시리라(고후 8:12).

없는 것을 만들어 오라는 것은 못된 인간들이 하는 일입니다. 앞에서 살펴본 것처럼, 하나님께서는 그들이 나오기 전날 기이한 방법으로 애굽 사람들에게서 밀린 임금을 받아 나오게 하셨습니다(출 12:36). 그러므로 하나님께서 성막 건축을 위해 예물을 가져오라고 명령하셨을 때, 그들은 성막을 짓기 위해 필요한 물품들을 이미 충분하게 가지고 있었습니다. 하나님은 그들이 가진 소유 중에서 하나님께 바쳐 성막을 지으라고 말씀하시는 것입니다. 이것은 하나님께서 주신 것으로 우리가 충분히 하나님의 일을 감당할 수 있다는 것을 보여줍니다. 보리떡 다섯 개와 물고기 두 마리로 오천 명을 먹이신 이적(마 14:13-21)이 보여주는 것이 무엇입니까? 우리가 드린 적은 것이 주님의 손에 들려질때, 그것은 언제나 충분합니다.

하나님은 언제나 주시고 언제나 베푸시는 분이십니다. 하나님께 먼저 드려서 하나님이 우리에게 갚아 주실 의무를 하나님께 지울 수 있는 존재는 아무도 없습니다. 우리가 받은, 우리가 소유한 모든 것이 하나님께로부터 우리에게 주어진 것들이기 때문입니다. 바울은 로마서에 이렇게 기록했습니다.

누가 주께 먼저 드려서 갚으심을 받겠느냐(롬 11:35).

자원하는 자는 누구나

헌금과 관련하여 우리가 성경에서 배우는 세 번째 원리가 있습니다. 그것은 **자원함의 원리**입니다. 출애굽기 말씀을 다시 살펴보겠습니다.

너희의 소유 중에서 너희는 여호와께 드릴 것을 택하되 마음에 원하는 자는 누구든지 그것을 가져다가 여호와께 드릴지니(출 35:5).

하나님은 자원하는 자가 드리는 것을 받으십니다. 억지로 드리는 것, 의무적으로 드리는 것은 그 액수가 얼마가 되었든지 하나님을 기쁘게 할 수 없습니다. 바울은 고린도후서에서 이렇게 기록했습니다.

> 각각 그 마음에 정한 대로 할 것이요 인색함으로나 억지로 하지
> 말지니 하나님은 즐겨 내는 자를 사랑하시느니라(고후 9:7).

하나님께서는 지금 성막을 짓기 위해서 그들에게 십일조를
내라고 말씀하시는 것이 아닙니다. 구약의 십일조는 엄밀히 말
하면 세금과 같은 성격을 지닌 항목으로, "내 것이 다 하나님의
것이고 하나님께서 주신 것입니다"라는 고백과 함께 십분의 일
을 드림으로써 그 고백을 인정하는 행위이고, 하나님의 백성으로
서 가지는 일종의 의무 개념으로 주어진 것입니다. 모든 이스라
엘 백성은 십일조를 드려야 했습니다. 그러나 헌금(offering) 개
념의 본질은 자원하는 마음에 있습니다. 성막을 건축하기 위해서
하나님이 요구하시는 것은 자원하는 성격의 예물이었습니다.

출애굽기 35:5에서 "마음에 원하는"에 해당하는 히브리어
단어는 '기꺼운', '넉넉한', '관대한' 마음(generous heart)을 의미
합니다. 이것은 '기꺼이 드리는', '주기를 즐거워하는' 마음입니다.
이 마음은 하나님의 은혜로 만져진 마음입니다. 하나님의 은혜를
입지 않고서는 죄인이 이런 마음의 변화를 경험할 수 없습니다.
하나님의 일을 위해서 자신의 소유를 자원해서 드리는 일은 은혜

를 입기 전에는 일어날 수 없습니다. 은혜를 입은 사람이 선한 사업을 위해 물질을 드리는 것은, 사실상 하나님께 물질을 드리는 것이고 하나님을 기쁘시게 하는 행위입니다(빌 4:18). 주님께서는 주는 것이 받는 것보다 복이 있다고 말씀하셨습니다(행 20:35).

> 주라. 그리하면 너희에게 줄 것이니 곧 후히 되어 누르고 흔들어 넘치도록 하여 너희에게 안겨 주리라. 너희가 헤아리는 그 헤아림으로 너희도 헤아림을 도로 받을 것이니라(눅 6:38).

여기서 주님이 의도하신 것이 바로 "마음에 원하는" 마음입니다. 이런 자원함이 바르게 하나님께 드리는 헌금의 전제입니다. 예물을 드리라는 모세의 지시는 놀라운 결과를 가져왔습니다.

> 마음이 감동된 모든 자와 자원하는 모든 자가 와서 회막을 짓기 위하여 그 속에서 쓸 모든 것을 위하여, 거룩한 옷을 위하여 예물을 가져다가 여호와께 드렸으니 곧 마음에 원하는 남녀가 와서 팔찌와 귀고리와 가락지와 목걸이와 여러 가지 금품을 가져다가 사람마다 여호와께 금 예물을 드렸으며(출 35:21-22).

이스라엘 백성은 하나님의 성막에 필요한 모든 것을 충당하기 위해 그들이 가져올 수 있는 것을 모두 가져왔습니다. 여기서 강조하고 있는 표현이 무엇입니까? "마음이 감동된 모든 자", "자원하는 모든 자", 그리고 "마음에 원하는 남녀"입니다. 예물을 드린 자들은 모두 마음에 원하는 자들이었습니다. 성경은 백성이 바친 물품의 액수보다 그들이 자기 마음에 원함으로 이 예물들을 하나님께 아낌없이 드렸다는 사실을 강조합니다.

앞에서 성막 건축을 위해 이스라엘 백성이 드려야 했던 구체적인 예물의 목록을 살펴보았는데, 여기서 주목할 것은 조각목입니다. 조각목은 조각조각 잘려진 나무가 아니라, 이스라엘 백성이 머물던 광야에서 쉽게 발견할 수 있는 건조지대에서 자생하는 아카시아 나무의 일종입니다. 하나님께 드릴 예물의 목록에 조각목이 들어 있었다는 것은 무엇을 의미할까요? 이것은 설령 가진 것이 아무것도 없는 사람일지라도, 드리고 싶은 마음만 있다면 나가서 나무를 베어 하나님께 드릴 수 있었다는 말입니다. 이스라엘 백성이 드린 것은 물질만이 아니었습니다. 브살렐과 오홀리압 그리고 마음이 지혜로운 사람들은 자신들의 기술과 재능을 하나님께 드렸습니다(출 35:30-36:1). 하나님께 예물을 드리는 것은 일부 가진 자들만의 권리가 아니었습니다. 이것은 하나님의 은혜를 받고 자원하는 마음을 가진 모든 사람에게 열려 있는 특권이었습니다.

헌금에서 자원함은 헌금의 본질상 포기할 수 없는 핵심 요소입니다. 이렇게 자원하는 마음으로 하나님께 예물을 드리는 사람은 자신의 소유 중 최고의 것을 하나님께 드렸을 것이 분명합니다. 은혜를 받은 사람은 하나님께서 자신에게 최고의 것을 주셨다는 것을 알기 때문입니다(롬 8:32). 특별히 여인들의 지혜로운 섬김이 놀랍습니다.

> 마음이 슬기로운 모든 여인은 손수 실을 빼고 그 뺀 청색 자색 홍색 실과 가는 베 실을 가져왔으며 마음에 감동을 받아 슬기로운 모든 여인은 염소 털로 실을 뽑았으며(출 35:25-26).

여기서 여인들이 단순히 자원했고 마음에 감동을 받았다고 말하지 않습니다. 이 말씀에서 여인들에 대해서 칭찬하는 바는 바로 그들이 "슬기로운" 여인들이었다는 점입니다. 이 지혜는 재능이나 기술로 그 뜻을 확장할 수 있는데, 여기서는 실을 짜는 재능과 기술을 의미합니다. 여인들은 마음에 자원함이 있었기 때문에 자신들의 재능을 이렇게 드릴 수 있었습니다.

자원함으로 하나님의 성막 건축을 위해서 드린 것은 여인들만이 아니었습니다. 지도자들인 족장들도 그들이 드릴 수 있는 것들을 하나님께 드렸습니다(출 35:27-28). 이들이 드린 물품들 중에는 귀중품들이 많았습니다. 아마 그 가치를 환산한다면 이들이 드린 것이 백성이 드린 것의 합보다 많았겠지만, 여기서도 하나님께서 중요하게 여기시는 것은 액수가 아닙니다. 그들은 자원함으로 하나님께 예물을 드렸고, 그래서 그들의 마음이 즐거울 수 있었습니다.

우리는 말라기 선지자가 예물과 관련해서 백성을 비난한 것을 기억합니다.

> 만군의 여호와가 이르노라. 너희가 눈먼 희생제물을 바치는 것이 어찌 악하지 아니하며 저는 것, 병든 것을 드리는 것이 어찌 악하지 아니하냐. 이제 그것을 너희 총독에게 드려 보라. 그가 너를 기뻐하겠으며 너를 받아 주겠느냐(말 1:8).

마음 없이 예물이 드려질 때 이런 일이 일어납니다. 여기서 마음은 하나님의 은혜로 채워진 마음입니다. 마음 없이 드리는 헌금은 하나님께서 받지도 않으시지만, 드리는 사람 자신도 무너뜨리게 됩니다.

기쁜 마음으로!

헌금에 대하여 성경이 가르치는 마지막 원리는, 신구약을 통틀어 헌금을 언급할 때 일관되게 강조하는 조건입니다. 이것은 물론 성막 건축을 위한 예물을 드릴 때에도 적용됩니다. 하나님이 모세에게 이렇게 말씀하셨습니다.

> 이스라엘 자손에게 명령하여 내게 예물을 가져오라 하고 기쁜 마음으로 내는 자가 내게 바치는 모든 것을 너희는 받을지니라(출 25:2).

하나님께서는 "기쁜 마음으로 내는 자가 내게 바치는 모든 것"을 받으라고 하셨습니다. 하나님께서 굳이 이런 말씀을 하실 필요가 있으셨을까요? 이 말씀을 읽고 '이렇게 말하면 사람들이 예물을 더 적게 내게 되지는 않을까?' 하는 노파심이 들 수도 있습니다. 만일 더 많이 거두는 것이 목표라면, 이렇게 말하는 것은 지혜롭지 못한 전략입니다. 만일 교회 지도자들이 성경의 원리와 상관없이 어떻게든 헌금을 많이 거두어야겠다고만 생각한다면, 하나님의 이 말씀을 이해하지 못하는 것일 뿐만 아니라 이미 타락의 자리로 내려간 것입니다.

하나님께서 목표액을 정해 주는 대신 "기쁜 마음으로 내는 자가 내게 바치는 모든 것"을 받으라고만 말씀하시는 것은 옛날 모세 시대에나 가능했다고 말할 수 있을까요? 성경은 헌금과 관런하여 일관되게 이 조건 곧 '기쁘게 내는 것'을 말하고 있습니다. 헌금이라는 주제를 다루는 성경의 거의 모든 본문이 '드리는 자의 기쁨'을 언급하고 있다는 사실은 결코 가볍게 볼 일이 아닙니다.

드리는 자의 기쁨이 중요한 이유는 헌금이 늘 은혜와 연결되어야 하기 때문입니다. 하나님께서 베풀어 주신 은혜에 대한 반응은 언제나 기쁨입니다. 은혜를 받은 사람은 예외 없이 하늘의 기쁨으로 기뻐합니다. 그 기쁨이 헌금을 통하여 표현되는 것입니다. 사람은 헌금의 양을 중요하게 여길지 모르지만, 하나님은 드리는 사람의 태도가 언제나 기쁨이 되어야 한다고 말씀하십니다.

이제 그만!

이렇게 예물을 드린 결과, 성막을 지을 수 있을 만큼의 물질이 모아졌을까요?

> 모세가 명령을 내리매 그들이 진중에 공포하여 이르되 남녀를 막론하고 성소에 드릴 예물을 다시 만들지 말라 하매 백성이 가져오기를 그치니 있는 재료가 모든 일을 하기에 넉넉하여 남음이 있었더라(출 36:6-7).

건축과 돈

한마디로 모세는 "이제 그만!"이라고 소리치지 않을 수 없
었습니다. 얼마나 행복하고 아름다운 순간입니까? 우리는 언제
나 부족하다는 외침을 듣는 데 익숙하지 않습니까? 그런데 하나
님의 은혜에 감동을 입고 마음에 자원하는 사람들이 드리는 예물
은 성막을 짓기에 조금도 부족하지 않았습니다. 도리어 이스라엘
백성이 아침마다 자원하는 예물을 가지고 나왔기 때문에(출 36:3)
성막을 건축하기 위해서 모인 모든 자원하는 기술자가 일을 할 수
가 없을 정도였습니다(출 36:4). 급기야 기술자들이 "백성이 너
무 많이 가져오므로 여호와의 명하신 일에 쓰기에 남음이 있나이
다"(출 36:5)라고 말했습니다. 결국 모세는 예물 드리는 것을 중단
하도록 명했는데, 이미 마음에 원하는 자들이 바친 물품들은 넘치
고도 넘쳤습니다. 이것이 인간의 지혜에 속하지 않는 하나님의 방
법입니다. 돈에 대해서는 언제나 부족하다고 느낄지라도, 은혜는
언제나 풍성하고 넘칩니다. 그리고 넘치는 이 은혜는 결국 돈도
넘치게 만듭니다.

돈이 아니라 은혜가 필요하다

하나님은 성막을 하늘에서 뚝 떨어뜨려 주지 않으셨습니다. 하나
님의 사람들이 마음에 원하는 대로, 하나님의 일에 자신들의 소

유를 드리게 함으로써 이 거룩하고 영광스러운 일에 참여하는 기쁨과 즐거움을 누리게 하셨습니다.

문제는 돈이 아니라 은혜입니다. 교회에서 돈이 부족해서 문제가 되는 것이 아니라, 은혜가 부족할 때 문제가 됩니다. 우리가 언제나 최우선적으로 필요로 하는 것은 돈이 아니라 하나님의 은혜입니다. 하나님의 교회에 은혜가 풍성하게 부어진다면, 교회는 모세처럼 "이제 그만!"이라고 외쳐야 하는 상황을 경험하게 될 것입니다. 우리는 언제나 하나님께서 자격 없는 우리에게 베푸신 감당할 수 없는 선물을 알고 기억하며 살아야 합니다. 그 선물은 하나님의 독생자 예수 그리스도십니다. 우리는 하나님께 먼저 드려서 하나님으로 감동을 받으시게 함으로써 하나님이 우리에게 뭔가 대단한 선물을 주시도록 만들 수 없습니다. 그런 것은 종교가 하는 일입니다. 하나님은 언제나 사람이 받을 수 없는 용서와 은혜를 베푸심으로 그 마음을 감동시켜서 자신의 소유를 그분께 예물로 드리도록 하셨습니다. 우리는 항상 은혜가 필요합니다. 은혜는 자원하는 마음을 낳고, 자원하는 마음은 하나님께 드림을 낳으며, 이 드림은 부족함 없는 풍족함을 낳습니다.

1. 구약성경의 '성막 건축'과 오늘날의 '예배당 건축'은 어떤 점에서 다르
   고 어떤 점에서 비슷합니까?(50쪽) 그리고 오늘날 '성전 건축'의 진정한
   의미가 무엇이라고 생각합니까?(230쪽)

2. 비싼 향유를 가져다가 예수님 발에 부은 마리아를 판단하는 가룟 유다
   의 말은, 말 자체로는 윤리적으로 옳을 수 있지만 그의 마음이 주님을 향
   하지 않고 있음을 보여줍니다(52-53쪽). 이와 유사한 현상들이 오늘날
   교회에서, 그리고 우리의 말에서 어떤 방식으로 나타날 수 있습니까?

3. 우리가 하나님께 헌금을 드리는 행위가 "우리의 믿음의 성장과 깊이 연
   결되어 있기 때문에" 전능하신 하나님께서 모든 것을 홀로 행하실 수 있
   음에도 불구하고 우리의 헌금을 통하여 일하시기를 기뻐하신다고 저자
   는 말합니다(56쪽). 여러분은 이 말에 동의하십니까? 이 말의 의미를 자
   신의 경험에 비추어 설명해 봅시다.

4. 우리가 헌금을 특정한 사람(선교사나 목사)이나 교회에 드린다고 생각하
   면 시험에 들기 쉽다고 저자는 말합니다. 우리가 드리는 모든 헌금이 오
   직 하나님께 드려져야 한다는 사실은 왜 중요합니까?(57-59쪽)

5. "하나님은 있는 것을 받으신다"는 말씀(출 35:5, 고후 9:7, 59-61쪽)은 오
   늘날 헌금에 대한 설교에서 충분히 다루어지고 있습니까? 그렇지 않다
   면 그 이유는 무엇입니까?

3장   명령도 은혜다

¹⁰제단에 기름을 바르던 날에 지휘관들이 제단의 봉헌을 위하여 헌물을 가져다가 그 헌물을 제단 앞에 드리니라. ¹¹여호와께서 모세에게 이르시기를 지휘관들은 하루 한 사람씩 제단의 봉헌물을 드릴지니라 하셨더라.

✦ 민 7:10-11

¹여호와께서 모세에게 말씀하여 이르시되 ²이스라엘 자손에게 말하여 그들에게 이르라. 너희는 내가 주어 살게 할 땅에 들어가서 ³여호와께 화제나 번제나 서원을 갚는 제사나 낙헌제나 정한 절기제에 소나 양을 여호와께 향기롭게 드릴 때에……¹⁸이스라엘 자손에게 말하여 이르라. 너희는 내가 인도하는 땅에 들어가거든 ¹⁹그 땅의 양식을 먹을 때에 여호와께 거제를 드리되 ²⁰너희의 처음 익은 곡식 가루 떡을 거제로 타작 마당의 거제같이 들어 드리라. ²¹너희의 처음 익은 곡식 가루 떡을 대대에 여호와께 거제로 드릴지니라.

✦ 민 15:1-3, 18-21

은혜와 돈의 관계를 살펴보게 하는 구약성경의 본문들이 적지 않은데, 흥미로운 점은 돈 혹은 헌물에 대해서 말하는 거의 모든 구약성경의 본문이 은혜를 말하고 있다는 것입니다. 하지만 하나님께서 헌금을 바치라고 명령하시는 경우에도 그럴까요? 헌금을 드리라는 명령에서도 우리는 은혜를 발견할 수 있고, 은혜가 드림의 기초라고 말할 수 있을까요?

　이 문제는 '은혜와 명령이 함께 갈 수 있는가' 하는 문제입니다. 바울은 고린도 교회에 이렇게 말한 적이 있습니다.

　　내가 명령으로 하는 말이 아니요 오직 다른 이들의 간절함을 가지고 너희의 사랑의 진실함을 증명하고자 함이로라(고후 8:8).

　헌금을 하라고 명령하게 된다면, 이것은 사랑의 진실함과 자발적으로 드리려고 하던 고린도 교회 사람들의 마음을 무색하게 할 것이기에 바울은 명령으로 하지 않는다고 말합니다. 그럼에도 불구하고 우리는 성경에 하나님께 '드려라', '바쳐라'는 명령이 적지 않다는 것을 압니다. 하나님께서는 헌금을 드릴 것을 명령하십니다. 고린도후서 8:8의 논리를 따른다면, 성경이 하나님께 헌금을 드리라는 명령은 피했어야 하는 게 아닐까요? 은혜와 명령은 과연 함께 갈 수 있는 것일까요?

이번 장에서 우리는 민수기의 두 본문을 통해 은혜와 명령, 명령과 은혜가 서로를 무너뜨리지 않고 갈 수 있을 뿐 아니라 심지어 서로를 세울 수 있는지 살펴볼 것입니다.

사려 깊은 헌물

먼저 살펴볼 본문은 민수기 7장입니다.

> 모세가 장막 세우기를 끝내고 그것에 기름을 발라 거룩히 구별하고 또 그 모든 기구와 제단과 그 모든 기물에 기름을 발라 거룩히 구별한 날에(민 7:1).

민수기 7장은 성막 건축이 마침내 완공되던 날로부터 시작합니다. 이스라엘 백성이 기쁜 마음으로 자원하여 드린 예물과 봉사를 통해 세워진 성막을 보았을 때, 그 감격은 어떠했을까요? 애굽에서 종살이하던 주권 없는 노예였던 백성이 이제 하나님의 부름을 받아 약속의 땅으로 가던 중, 하나님께서 그들 가운데 계심을 확증하는 성막을 눈앞에 가지게 되었으니, 그것은 얼마나 흥분되는 일이었겠습니까? 출애굽기의 마지막 장은 완성된 성막에 하나님의 영광이 충만하게 임재한 장엄한 광경을 묘사하면서 마칩니다.

> 구름이 회막에 덮이고 여호와의 영광이 성막에 충만하매 모세가 회막에 들어갈 수 없었으니 이는 구름이 회막 위에 덮이고 여호와의 영광이 성막에 충만함이었으며 구름이 성막 위에서 떠오를 때에는 이스라엘 자손이 그 모든 행진하는 길에 앞으로 나아갔고 구름이 떠오르지 않을 때에는 떠오르는 날까지 나아가지 아니하였으며 낮에는 여호와의 구름이 성막 위에 있고 밤에는 불이 그 구름 가운데에 있음을 이스라엘의 온 족속이 그 모든 행진하는 길에서 그들의 눈으로 보았더라(출 40:34-38).

그다음에는 어떤 일이 벌어졌습니까? 이스라엘 백성은 완공된 성막을 보면서 뭔가 큰일을 마친 사람들이 말하듯이, "아, 그

동안 힘껏 일했으니 이제는 좀 쉬어야겠어"라고 말하지 않습니다. 우리는 성막이 완공되고 봉헌되던 날 어떤 일이 있었는지를 출애굽기 40장을 훌쩍 뛰어넘어 민수기 7장에서 보게 됩니다.

출애굽기는 이스라엘 백성이 애굽에서 나온 뒤 둘째 해 첫째 달 첫째 날에 성막을 세운 이야기로 끝납니다(출 40:1). 그리고 민수기는 "애굽 땅에서 나온 후 둘째 해 둘째 달 첫째 날"의 이야기로 시작됩니다(민 1:1). 그런데 민수기 7장은 다시 시간을 거슬러 올라가 성막이 완공되던 그날의 이야기를 들려줍니다. 조금 복잡해 보일 수도 있지만, 시간 순으로 정리해 보면 민수기 7장에 기록된 일은 출애굽기 40장과 같은 날에 일어난 일입니다. 성막이 완공되고 하나님의 영광이 쉐키나(Shekhinah, 하나님의 임재)의 구름으로 성막을 채운 바로 그날입니다. 이날로부터 칠 일에 걸쳐 대제사장 아론과 그의 아들들을 제사장으로 위임하는 위임식이 이어졌습니다(레 8장).

한편 민수기 7장은 성막 완공 이후 이어진 또 하나의 일을 소개합니다. 그것은 각 지파의 지휘관들이 성막을 위해 예물을 드리는 일이었습니다. 이제까지 많은 예물을 드려 성막을 세운 사람들이 완성된 성막 앞에서 또다시 예물을 드린 것입니다!

이스라엘 지휘관들 곧 그들의 조상의 가문의 우두머리들이요 그

지파의 지휘관으로서 그 계수함을 받은 자의 감독된 자들이 헌물
을 드렸으니(민 7:2)

이 맥락에서는 하나님께서 예물을 드리라고 명령하셨다는
암시가 없습니다. 완공된 성막 앞에서 각 지파의 지휘관들은 감
격하여 한마음으로 예물을 드렸을 것입니다. 그들은 완공된 성막
이 이제 레위 지파 형제들을 통해 운반되어야 한다는 사실을 알
았고, 이 일을 위해 사려 깊은 예물을 드린 것입니다. 그들 열두
지파 지휘관들이 드린 예물은 수레 여섯 대와 수레를 끄는 소 열
두 마리였습니다. 수레와 소는 레위 지파의 게르손과 므라리 자
손의 일에 맞게 배분되었습니다. 지휘관들은 지도자들답게 성막
의 필요를 미리 생각하고 사려 깊은 헌물을 드린 것입니다.

헌금에 이어지는 헌금

놀랍게도 이야기는 여기서 끝나지 않습니다. 마침내 하나님께서
각 지파의 지휘관들에게 봉헌물을 드리라고 명령하십니다.

여호와께서 모세에게 이르시기를 지휘관들은 하루 한 사람씩 제
단의 봉헌물을 드릴지니라 하셨더라(민 7:11).

이 말씀을 보고서 하나님께서 만족하지 않으시고 계속해서 무언가를 요구하시는 것이라고 오해하지 말아야 합니다. 하나님의 이 명령은 제단의 봉헌을 위해 예물을 드리려는 각 지휘관들의 자원하는 마음을 부정하거나 무색하게 만들지 않습니다. 각 지파 지휘관들이 수레와 소를 자원하여 드리고 난 뒤에, 하나님께서 각 지파의 지휘관들로 하여금 십이 일 동안 매일 하루에 한 사람씩 순서대로 그분께 나아와 예물을 드릴 것을 명령하신 것입니다. 이 지휘관들이 드린 풍성하고도 넘치는 예물의 양은 그들이 조금의 인색함도 없이 명령에 따른 의무 이상의 것을 하나님께 드렸다는 것을 보여줍니다.

한 사람의 지휘관이 드린 예물이 수레와 소, 은쟁반과 은대접에 담긴 소제물, 금그릇에 담긴 향 외에도, 번제물로 수송아지 한 마리, 숫양 한 마리, 일 년 된 어린 숫양 한 마리, 속죄제물로 숫염소 한 마리, 화목제물로 소 두 마리, 숫양 다섯 마리, 숫염소 다섯 마리, 일 년 된 어린 숫양 다섯 마리였습니다. 이렇게 열두 지휘관들이 드린 제물을 모두 합하면, 번제물로 수송아지 열두 마리, 숫양 열두 마리, 일 년 된 어린 숫양 열두 마리, 속죄제물로 숫염소 열두 마리, 화목제물로 소 스물네 마리, 숫양 예순 마리, 숫염소 예순 마리, 일 년 된 어린 숫양 예순 마리였으니 정말 풍성한 제물들이었습니다.

은혜가 맺는 열매, 헌상

끊임없이 이어지는 헌상의 이야기는 우리에게 어떤 메시지를 던져 줍니까? 헌상에서 헌상으로 이어지는 이 이야기는 하나님의 은혜가 이 백성에게 끊임없이 부어지고 있었다는 것을 보여줍니다. 성경이 이 헌상의 이야기에서 보여주는 것은, 하나님의 은혜가 이런 헌상을 가능하게 했을 뿐 아니라, 그들의 헌상이 성막을 건축하기 위한 예물에서 성막을 봉헌하는 날의 예물, 그리고 또 각 지휘관들이 한 사람씩 가지고 나와서 드린 예물로 이어지듯이, 자기 백성을 향한 하나님의 은혜도 끊임없이 이어진다는 것입니다.

성경이 가르치는 헌상은 은혜가 맺는 열매입니다. 헌상은 하나님의 은혜에 대한 인간의 반응입니다. 모든 종교에서 헌상이 신의 복과 은총을 획득하는 수단으로 작용한다면, 기독교에서는 하나님의 은혜가 사람의 마음속에 헌상하는 심령과 의지를 만들어 냅니다. 이것이 일반 종교에서 행해지는 헌금과 성경이 가르치는 헌상의 중요한 차이입니다. 교회에서 헌금을 일반 종교에서 말하는 방식대로 말하거나 강요했을 때, 그것은 헌금 문제뿐 아니라 선하신 하나님과 하나님의 은혜의 복음 자체를 왜곡하는 일이 될 수밖에 없는 이유가 여기에 있습니다. 헌금을 잘못 가르치는 것은 하나님과 복음을 왜곡하는 심각한 일입니다.

그래서 교회가 헌금을 성경이 가르치는 방식대로 가르치는 것은 중요한 문제입니다. 교회가 돈과 헌금의 문제를 어떤 시각으로 다루는가는 곧 복음에 관한 이야기이고 은혜에 관한 이야기이며 선하신 하나님을 말하는 것이기 때문에 중요합니다. 언제나 우리에게 먼저 은혜를 베푸시는 분은 하나님이십니다. 우리는 하나님께 예물을 드림으로써 하나님의 호의를 사거나 복을 획득할 수 없습니다. 우리는 언제나 하나님께서 먼저 베풀어 주신 은혜와 복에 반응할 뿐인데, 이 반응이 헌상 곧 드림입니다.

죄책감을 이용하거나 자원함이 아닌 강제적 심리 행사로 헌금을 강요하는 모든 행태는 성경이 승인하지 않는 악한 방식이며, 하나님께서 기뻐하시지 않는 일입니다. 민수기 7장과 관련해서 우리가 짚고 넘어가야 할 한국 교회의 비성경적 악행이 있습니다. 장로나 권사나 집사로 임직을 받는 사람들이 임직식에서 교회에 헌금을 하는 전통적 관행인데, 민수기 7장은 이런 관행의 성경적 근거 구절로 종종 인용되기도 합니다. 이 본문은 각 지파 지휘관들의 임직식에 대한 기록이 아닐 뿐 아니라, 오는 세대에 교회의 직분자들이 임직을 할 때 십시일반 동일하게 하나님의 집의 필요를 위해서 예물을 드리라는 명령도 아닙니다. 각 지파 지휘관들은 자원하는 마음으로 성막의 필요를 위해서 드렸습니다. 혹자는 이 지휘관들이 모두 동일한 헌물을 드렸다는 점에 근거하여 임직자들이 일정한 금액의 헌금을 나눠서 드리는 것을 합리화하고 싶을지도 모르겠습니다. 그러나 지휘관들이 동일한 예물을 드렸다는 것은, 언약 백성의 지도자들이 힘 있는 지파나 힘없는 지파나 아무 차별 없이 동일한 자리, 동일한 위치에서 하나님을 섬긴다는 사실을 강조할 뿐입니다. 따라서 민수기 7장 본문은 오늘날 관행처럼 행해지는 임직자들의 헌금과 아무 관련이 없다고 말할 수 있습니다. 그뿐 아니라 신약성경 어디에서도 직분을 받은 사람들에게 십시일반으로 헌금을 드리라고 명령했거나 그들이 헌금을 드렸다는 사례도 발견할 수 없기에 이런 관행은 성경에 근거를 둔 것이라고 말할 수 없습니다.

성막이 완성되던 날을 시작으로, 열두 지파의 지휘관들이 매일 한 사람씩 풍성한 예물을 가지고 하나님 앞에 나아가는 모습을 보는 이스라엘 백성의 마음은 즐거웠을 것입니다. 완성된 성막에 하나님의 영광이 가득하고 구름이 그 위를 덮는 놀라운 광경을 본 것에 더하여, 지휘관들이 성막의 완공을 경축하면서 매일 한 사람씩 풍성한 예물을 가지고 나아오는 것을 보는 것은 모든 백성에게 더없이 즐겁고 흥분되는 경험이었을 것입니다.

그런데 여기 또 하나 주목해야 하는 것이 있습니다. 민수기 7장 바로 앞에 기록된 제사장 아론의 축복입니다.

여호와는 네게 복을 주시고 너를 지키시기를 원하며 여호와는 그
의 얼굴을 네게 비추사 은혜 베푸시기를 원하며 여호와는 그 얼
굴을 네게로 향하여 드사 평강 주시기를 원하노라 할지니라 하라
(민 6:24-26).

왜 모세는 지휘관들의 예물 드림에 대한 기사를 아론의 축
복 바로 뒤에 기록했을까요? 민수기가 시간 순서로 일어난 일들
을 정확하게 반영하지 않고 있음에도 불구하고 아론의 축복이
각 지파 지휘관들의 봉헌 앞에 기록된 것은, 헌상은 오직 하나님
의 은혜와 복에 대한 인간의 반응이라는 것을 보여주려는 의도
입니다. 이와 같이 성경은 돈과 헌금에 대하여 말할 때 은혜에 대
한 일관된 강조를 놓치지 않습니다. 은혜가 헌금에 선행합니다.
은혜는 헌금을 강요하거나 강제하지 않습니다.

예기치 않은 격려

이 장에서 살펴보고 싶은 또 하나의 이야기는 민수기 15장에 기
록된 이야기입니다. 민수기 15장의 문맥은 독특합니다. 민수기
는 11장부터 이스라엘 백성의 불평과 원망 시리즈가 14장까지
이어지는데, 이 시리즈는 15장에서 잠시 끊어졌다가 16장에서

다시 고라와 다단의 반역으로 이어집니다. 이 불평과 원망 시리즈의 막간에 해당하는 민수기 15장은 율법 규정, 특별히 제물을 드리는 규정, 속죄가 가능한 죄와 가능하지 않은 죄의 규정들을 기록하고 있습니다. 이야기가 전개되다가 갑자기 율법 규정들이 삽입되는 패턴은 민수기가 가진 독특한 구조인데, 5-6장, 15장과 19장, 28-29장이 이야기에 이어지는 율법 규정들입니다. 이 것은 편집의 실수가 아니라, 분명한 의도와 목적을 가진 의도적 편집입니다.

시내산을 출발한 뒤 지금까지 이스라엘 백성이 보여준 모습은 불신과 반역과 불만과 원망이었습니다. 그것은 가데스에서 정탐꾼들의 보고를 들은 백성이 지도자를 세워 애굽으로 돌아가자는 반역을 일으키는 데서 절정에 이르렀습니다. 결국 하나님은 갈렙과 여호수아를 제외한 출애굽 1세대를 광야에서 죽게 하고 나서 약속하신 땅으로 인도하겠다고 선언하십니다. 이스라엘 백성으로서는 광야로 돌아가 사십 년의 세월을 보내야 한다는 청천벽력 같은 말씀을 들은 것입니다. 상황은 절망 자체였습니다. 앞으로 삼십팔 년이 넘는 세월을 어떻게 광야에서 더 보내야 한단 말입니까? 당시 이스라엘 백성이 느꼈을 절망은 가히 짐작조차 하기 어렵습니다.

이런 백성에게 하나님은 갑작스러운 이야기를 꺼내시는데,

그것이 바로 민수기 15장입니다. 이런 절망적 상황에서 하나님께서는 예물을 드리라는 율법 조항을 말씀하십니다. 이것은 명령입니다. 자칫 하나님을 욕심 많고 무정한 분으로 오해하게 할 수도 있는 대목입니다. 비록 자신들의 잘못으로 초래된 일이라고 할지라도, 지금 자신들에게 화가 미친 것을 알고 절망하고 있는 백성에게 하나님은 헌금을 드리라고 말씀하시는 것입니다. 하나님은 정말 욕심 많고 무정한 분이셨던 것일까요?

사실, 하나님께 예물을 드리라는 이 명령은 욕심 많고 무정한 하나님이 아니라 도리어 백성을 위로하고 격려하는 하나님의 선하심과 자비하심을 보여주는 말씀입니다. 하나님께 예물을 드리라는 명령이 기록된 민수기 15장은 그 앞에 이어지는 11-14장에서 보여주었던, 불평과 원망이 초래한 절망적 분위기를 일거에 날려 보내는 말씀입니다. 이 백성의 절망적 분위기는 한마디로 "여호와께서 너희 중에 계시지 아니하니"라는 말씀으로 잘 요약됩니다(민 14:42). 이런 상황에서 하나님은 정말 뜬금없이 예물을 가져오라는 말씀을 하십니다. 하나님께 헌물을 가져오라는 이 말씀은 모든 절망적인 상황에도 불구하고, 이스라엘의 불신앙과 불순종과 실패와 반역에도 불구하고, 하나님의 언약은 끝나지 않았으며 하나님은 신실하셔서 그 언약을 이루실 것이라는 하나님의 의지를 보여줍니다. 어떤 점에서 그러합니까?

두 가지 점에서 그러합니다. 첫째로 "너희는 내가 주어 살게 할 땅에 들어가서"(민 15:2)와 "너희는 내가 인도하는 땅에 들어가거든"(민 15:18)이라는 말씀을 주목할 수 있습니다. 이 말씀은 이스라엘 백성이 하나님이 주겠다고 약속하신 땅에 들어갈 것을 전제로 하는 말씀입니다. 이 표현들은 매우 명시적입니다. 지금 하나님께서는 당장 광야에서 할 일을 말씀하시는 것이 아니라, 사십 년 후 가나안 땅에 들어갔을 때 지켜야 할 규정들을 말씀하시는 것입니다. 사실 사십 년을 광야에서 방황하는 자가 될 것이라고 하신 하나님 말씀(민 14:33) 때문에 이스라엘 백성은 절망하고 있었습니다. 광야로 다시 들어가야 하는 절망적 상황에 서 있는 백성에게 하나님께서는 이 말씀을 함으로써 절망하지 말라고 격려하시는 것입니다. 가나안 땅에 들어가서 하나님께 예물을 드리라는 이 명령은, 이스라엘 백성이 그 땅에 반드시 들어갈 것이며, 그 땅에 들어갈 때 이렇게 하나님께 예물을 드리게 될 것이라는 하나님의 확언인 셈입니다.

두 번째로, 예물을 드리라는 이 명령이 그들이 가나안 땅에 들어갈 것에 대한 하나님의 확언이 되는 이유는, 그 땅에 들어가서 희생제물을 하나님께 드릴 때 곡식 가루와 기름과 포도주를 함께 드리라는 규정(민 15:3-10, 19-21)에서 나타납니다. 여기서 우리는 명시적이라기보다 암시적인 위로와 격려를 발견합니다. 광야에서 이스라엘 백성이 농사를 지을 수 없었으므로 곡식 가루나 포도주를 예물로 드린다는 것은 불가능한 일이었습니다. 포도주를 드리라는 말에서 이스라엘 백성은 정탐꾼들이 가나안 땅에서 가지고 온 거대한 포도송이(민 13:23)를 떠올렸을지도 모릅니다. 그 땅에 들어가게 된다면, 그들은 엄청난 포도를 수확하게 되므로 하나님께 포도주를 드리는 것은 아무 문제도 되지 않을 것입니다. 즉 이 규정들은 이스라엘 백성이 가나안 땅에 들어간 뒤에야 지킬 수 있는 규정들이었습니다.

그렇다면 왜 하나님께서는 사십 년 후에야 지킬 수 있을 명령을 지금 이 절망의 상황에서 갑자기 말씀하시는 것일까요? 하나님의 의도는 너무나 분명합니다. 이 명령은 "너희는 반드시 내가 너희에게 주겠다고 약속한 그 땅에 들어가게 될 것이다"라고 확정하여 주시는 말씀입니다. 비록 사십 년의 세월을 방황하면서 모든 출애굽 1세대의 죽음을 경험하겠지만, 약속의 땅에 들어갈 그날은 반드시 온다는 것입니다. 하나님께 예물을 드리라는 이 명령은 그날에 대한 소망을 가지라는 하나님의 위로와 격려의 말씀입니다. 이것이 바로 민수기 15장이 이 자리에 기록된 이유입니다.

이스라엘 백성은 절망 중에도 소망을 품어야 했습니다. 그것은 장래에 하나님께서 그들의 불신앙과 불순종, 실패와 반역에도 불구하고 그분의 언약을 신실하게 이루실 것을 그들이 여전히 하나님의 언약 백성으로서 기대할 수 있어야 한다는 것을 의미합니다. 장래의 은혜에 대한 이들의 기대는 결코 자신들의 선함과 의로움과 공로에 의지하지 않습니다. 이것은 전적으로 하나님의 은혜이며, 그분의 선하심과 신실하심에서 비롯되는 일입니다. 이렇게 하나님은 절망하는 자기 백성의 마음을 안심시키시고, 당신이 노하기를 더디 하시고 인자가 많아 죄악과 허물을 사하시는 하나님이심을 보여주십니다(출 34:6-7, 민 14:18). 헌물을 드리라는 이 헌금 요구는 실로 예기치 않은 하나님의 격려였고, 하나님의 백성으로 하여금 장래의 은혜에 대한 소망을 가지게 하는 약속이었습니다.

명령을 넘어 은혜로

여러분은 헌금에 대한 설교를 들을 때 어떻게 반응합니까? 하나님께 헌금을 드리라는 명령을 듣는다면 여러분은 어떻게 반응하겠습니까? 명령이 반드시 부정적이기만 한 것은 아니라는 것을 저는 이 장에서 말하고 싶었습니다. 이것이 성경이 우리에게 가르치는 태도입니다. 하나님은 우리에게 헌금을 가져오라고 명령하실 수 있습니다. 하지만 언제나 여기에는 하나님이 우리에게 한량없이 베풀어 주신 은혜가 선행합니다. 이뿐만이 아닙니다. 때로 이런 명령은 우리를 향한 하나님의 위로와 격려가 되기도 합니다.

헌금에 대한 우리의 태도를 결정하는 것은 은혜입니다. 하나님께서 우리에게 베풀어 주신 은혜에 대한 감격이 있을 때, 헌금을 하라는 하나님의 명령은 우리의 의무감을 자아내는 대신 즐거움과 기쁨의 드림을 가능하게 합니다. 문제는 무엇입니까? 성경의 가르침을 왜곡하는 모든 형태의 헌금에 대한 명령과 강조입니다. 다시 말하지만, 이것은 단지 헌금에 대한 잘못된 가르침으로 끝나지 않습니다. 하나님의 선하심을 왜곡하고, 하나님의 은혜의 복음을 왜곡합니다. 선하신 하나님의 모든 명령을 무정한 하나님의 강요와 강제로 바꿉니다. 그리고 이것은 우리 안에 있는 은혜마저 피폐하게 만드는 일입니다.

1. 저자는 일반 종교에서 행해지는 헌금이 "신의 복과 은총을 획득하는 수
   단"으로 작용하는 반면 기독교의 헌상은 "은혜가 맺는 열매"이기 때문
   에, 만일 교회에서 헌금을 일반 종교에서 말하는 방식대로 강요한다면
   그것은 헌금 문제뿐 아니라 선하신 하나님과 은혜의 복음 자체를 왜곡
   하는 일이라고 말합니다(81쪽). 어떻게 헌금에 대한 가르침이 하나님과
   복음을 왜곡하는 이유가 되는지 자신의 말로 설명해 봅시다.

2. 저자는 하나님께 헌금을 드리라는 하나님의 명령이 은혜를 배제하지 않
   으며, 오히려 하나님께서 베풀어 주실 장래의 은혜에 대한 보장이며 격
   려라고 말합니다(88-89쪽). 여러분은 헌금에 대한 성경적 설교를 들을
   때, 혹은 헌금에 대한 성경본문을 읽을 때, 이러한 하나님의 선하심과 은
   혜로운 격려를 경험한 적이 있습니까?

   혹시 헌금에 대한 설교를 들으면, 일단 여러분의 마음이 움츠러들거나
   반발심이 솟구쳐 오르지는 않습니까? 이러한 마음을 고치기 위해서는
   무엇이 필요합니까?

3. "헌금에 대한 우리의 태도를 결정하는 것은 은혜입니다"라는 저자의 말
   에 동의하십니까?(90쪽) 선하신 하나님을 맛보아 아는 지식은 우리의 헌
   금 생활을 어떻게 변화시킬 수 있습니까? 여러분이 드리는 헌금은 여러
   분이 아는 선하신 하나님의 은혜에 대한 반응인지 생각해 봅시다.

4장

십일조의 의무를 넘어서

⁸여호와께서 또 아론에게 이르시되 보라. 내가 내 거제물 곧 이스라엘 자손이 거룩하게 한 모든 헌물을 네가 주관하게 하고 네가 기름 부음을 받았음으로 말미암아 그것을 너와 네 아들들에게 영구한 몫의 음식으로 주노라.……²⁰여호와께서 또 아론에게 이르시되 너는 이스라엘 자손의 땅에 기업도 없겠고 그들 중에 아무 분깃도 없을 것이나 내가 이스라엘 자손 중에 네 분깃이요 네 기업이니라. ²¹내가 이스라엘의 십일조를 레위 자손에게 기업으로 다 주어서 그들이 하는 일 곧 회막에서 하는 일을 갚나니 ²²이후로는 이스라엘 자손이 회막에 가까이 하지 말 것이라. 죄값으로 죽을까 하노라. ²³그러나 레위인은 회막에서 봉사하며 자기들의 죄를 담당할 것이요 이스라엘 자손 중에는 기업이 없을 것이니 이는 너희 대대에 영원한 율례라. ²⁴이스라엘 자손이 여호와께 거제로 드리는 십일조를 레위인에게 기업으로 주었으므로 내가 그들에 대하여 말하기를 이스라엘 자손 중에 기업이 없을 것이라 하였노라. ²⁵여호와께서 모세에게 말씀하여 이르시되 ²⁶너는 레위인에게 말하여 그에게 이르라. 내가 이스라엘 자손에게 받아 너희에게 기업으로 준 십일조를 너희가 그들에게서 받을 때에 그 십일조의 십일조를 거제로 여호와께 드릴 것이라.……³¹너희와 너희의 권속이 어디서든지 이것을 먹을 수 있음은 이는 회막에서 일한 너희의 보수임이니라.

✦ 민 18 : 8, 20-26, 31

십일조는 여전히 많은 그리스도인들에게 논란이 되는 주제입니다. '신약 성도들도 여전히 십일조의 율법적 의무 아래 있는가' 하는 것이 쟁점인 십일조 논쟁은 쉽게 풀리지 않는 문제입니다. 그런데 십일조와 관련해서 정말 중요한 문제가 '신약의 성도들이 십일조를 드려야 하는가'의 문제일까요? 이것을 해결하는 것이 우리가 십일조에 대해서 가져야 하는 태도의 본질이며 전부일까요? 하나님께서는 어떤 맥락에서 십일조를 명령하신 것일까요? 십일조뿐 아니라 큰 틀에서 헌금 문제로 확장해서 생각하면, 하나님의 은혜를 입은 성도가 마땅히 하나님께 드려야 하지만 이 당위성이나 의무감을 넘어서게 하는 지점은 어디입니까? 무엇이 우리로 하여금 최소한이 아니라 풍성하게 드리게 하며, 그렇게 하면서도 기쁨과 감사가 넘치도록 할 수 있습니까? 헌금이라는 의무에서 은혜로 가는 길을 우리는 어디서 어떻게 찾을 수 있습니까?

이번 장에서 살펴보려고 하는 민수기 18장은 '지금 이 시대에도 성도들이 십일조를 율법의 의무로 행해야 하는가'에 대한 답을 제공해 주는 본문이 아닙니다. 하지만 우리는 이 본문을 통해서 헌금과 십일조에 관한 하나님의 의도를 확인함으로써, 의무를 넘어 은혜로 가는 여정을 모색해 볼 수 있을 것입니다.

십일조는 어떤 맥락에서 다루어지는가

본문에서 중요한 개념은 "몫", "기업" 그리고 "분깃" 같은 단어들입니다. 하나님께서는 이 개념을 가지고 아론과 그의 가족을 위하여 주시는 몫, 그리고 레위인의 성막 일에 대한 보수로 그들에게 보장해 주시는 몫에 대하여 말씀하십니다. 모든 성경본문이 그렇지만, 여기서 우리가 중요하게 살펴야 하는 것은 '하나님께 드리는 제물과 십일조가 어떤 맥락에서 다루어지는가' 하는 것입니다.

그런 의미에서 민수기 18장의 맥락을 이해하는 것은 본문의 의미를 찾는 데 매우 중요합니다. 민수기 18장 이전에 발생한 중요한 사건은 고라와 다단과 아비람의 반역 사건이고(민 16-17장), 그 앞에는 가데스에서 반역 사건이 일어난 것을 기록하고 있습니다(민 13-14장). 모세가 가나안 땅에 보냈던 열두 지파를 대표하는 열두 정탐꾼이 돌아왔습니다. 여호수아와 갈렙을 제외한 열 명의 정탐꾼은 약속의 땅에 대한 부정적이고 불신앙적인 보고를 했고, 이것은 백성의 마음을 부추겨 결국 다른 지도자를 세워 애굽으로 돌아가자는 거대한 움직임을 만들고 말았습니다. 이것이 '가데스의 반역'이라고 불리는 대반역 사건입니다. 그리고 16장에서는 고라와 다단과 아비람과 함께 백성의 총회에서 택함을 받은 이백오십 명의 지도자들이 이끄는 반역 사건이 발생합니다. 이 반역은 모세와 아론의 지도자 권위에 대한 반역이었고, 하나님께서 구별하여 세우신 제사장과 레위인 직분의 권위에 대한 도전이었습니다. 하나님께서는 땅이 입을 벌려 그들을 삼키게 하셨고, 염병으로 그들을 심판하셨습니다. 이후에 하나님께서는 각 지파 지휘관들의 지팡이와 함께 아론의 지팡이를 취하여 회막 안에 두게 하셨고, 이튿날 아론의 지팡이에서만 움이 돋고 순이 나며 꽃이 피어 살구 열매가 열리게 함으로써 아론을 제사장으로 택하셨음을 증명하셨습니다. 그 결과, 이스라엘 백성은 자신들이 저지른 잘못이 얼마나 큰 것이었는지를 깨닫고, 자신들은 죽을 수밖에 없으며 망해야 한다고 부르짖었습니다.

이스라엘 자손이 모세에게 말하여 이르되 보소서. 우리는 죽게 되었나이다. 망하게 되었나이다. 다 망하게 되었나이다. 가까이 나아가는 자 곧 여호와의 성막에 가까이 나아가는 자마다 다 죽사오니 우리가 다 망하여야 하리이까(민 17:12-13).

하나님은 백성이 스스로 말한 대로 죽을 수밖에 없는 존재라는 것을 인정하십니다. 그래서 그 백성을 위해 레위인을 선물로 주겠다고 말씀하셨습니다(민 18:1-7). 레위인이 하나님께서 이스라엘 백성에게 주시는 선물이라는 것이 의미하는 바는, 제사장과 레위인은 고라와 다단과 아비람의 반역에서 그들이 제사장의 직분을 시기했던 것처럼 이스라엘 백성이 시기하거나 질투해야 할 대상이 아니라는 말입니다. 자신이 받은 선물을 즐기지 못하고 그것을 시기하는 것은 얼마나 어리석은 일입니까? 도리어 이스라엘 백성은 이들을 선물로 주신 하나님께 감사드릴 필요가 있었고, 제사장과 레위인에게도 감사를 표할 수 있어야 했습니다. 제사장과 레위인이 구별되어 각각 이스라엘 백성의 죄를 담당하는 제사와 성막의 일을 전담하는 까닭에, 이스라엘 백성이 자신들의 죄의 문제를 하나님 앞에서 해결하고 하나님과 화목한 관계로 살아갈 수 있게 되었기 때문입니다.

기업이 주어지지 않은 특별한 사람들

하나님께서는 일반적인 이스라엘 백성과 달리 제사장과 레위인에게는 땅을 기업으로 주지 않으셨습니다. 이 점에서 제사장과 레위인은 특별한 사람들이었습니다.

> 여호와께서 또 아론에게 이르시되·너는 이스라엘 자손의 땅에 기업도 없겠고 그들 중에 아무 분깃도 없을 것이나 내가 이스라엘 자손 중에 네 분깃이요 네 기업이니라.……레위인은 회막에서 봉사하며 자기들의 죄를 담당할 것이요 이스라엘 자손 중에는 기업이 없을 것이니 이는 너희 대대에 영원한 율례라(민 18:20, 23).

제사장 아론의 집에는 어떤 기업이나 분깃도 주어지지 않았습니다. 하나님께서는 자신이 제사장의 분깃이요 기업이 되신다고 말씀하셨습니다. 마찬가지로 레위인에게도 하나님께서는 자신이 그들의 기업이 된다고 말씀하셨습니다(신 10:9). 그렇다면 주어진 땅이 없으니 농사를 지을 수 없는 제사장과 레위인은 무엇을 먹고 살아야 했겠습니까? 바로 이것이 민수기 18장 본문이 다루고 있는 내용입니다. 하나님께서는 본문에서 제사장과 레위인의 몫으로 주어질 것을 구체적으로 말씀하십니다. 제사장과 레위인은 온 이스라엘을 위하여 봉사하는 직분이기에 다른 백성처럼 먹고살기 위해서 자기의 땅을 일구고 살아갈 수 없었습니다. 만일 그렇게 자기 일에 매여야 한다면, 그들은 자신들이 맡은 봉사의 직분을 제대로 감당할 수 없었을 것입니다. 그렇다고 해서 하나님께서는 기근 때에 엘리야를 먹이셨던 것처럼 까마귀를 보내어 제사장과 레위인을 먹이지 않으셨습니다. 가나안 땅에 들어가면 제사장과 레위인에게는 광야에서처럼 날마다 하늘에서 만나를 제공해 주겠다고 약속하지도 않으셨습니다. 하나님께서는 제사장과 레위인이 일반 백성과는 다른 방식으로 자신들의 몫을 취하고 살도록 이스라엘 공동체 안에 하나의 제도적 장치를 마련해 주셨습니다. 그러므로 이스라엘 백성은 "이 사람들은 특별하게 구별된 하나님의 종들이니, 하나님께서 기적적으로 먹여 주실 거야"라고 말해서는 안 되었습니다. 결국 하나님께서는 이런 제도적 장치가 오직 제사장과 레위인만을 위한 것이 아니라, 궁극적으로 모든 이스라엘 백성의 유익을 위한 것이 되게 하셨습니다. 민수기 18장 본문은 그 제도를 이스라엘 백성에게 분명하게 가르치는 내용입니다. 그리고 이 내용은 오늘 우리에게도 매우 적실한 원리를 가르칩니다.

제사장과 레위인의 몫

민수기 18:8-20 본문은 제사장과 그 가족에게 주어진 몫이 무엇인지를 구체적으로 보여줍니다. 먼저 이스라엘 백성이 하나님께 드린 모든 제물 가운데서 남은 것, 곧 소제물(곡식제물)과 속죄제물과 속건제물 중에서 불사르지 않고 남은 것은 제사장과 그 아들의 몫으로 돌려졌습니다. 또한 제물 가운데서 거제물(들어 올려 바치는 제물)과 요제물(흔들어 바치는 제물)도 제사장과 그 가족의 몫으로 돌려졌습니다.

> 지성물 중에 불사르지 아니한 것은 네 것이라. 그들이 내게 드리는 모든 헌물의 모든 소제와 속죄제와 속건제물은 다 지극히 거룩한즉 너와 네 아들들에게 돌리리니 지극히 거룩하게 여김으로 먹으라. 이는 네게 성물인즉 남자들이 다 먹을지니라. 네게 돌릴 것은 이것이니 곧 이스라엘 자손이 드리는 거제물과 모든 요제물이라. 내가 그것을 너와 네 자녀에게 영구한 몫의 음식으로 주었은즉 네 집의 정결한 자마다 먹을 것이니라(민 18:9-11).

이 외에 이스라엘 백성이 수확의 첫 열매로 하나님께 드리는 것도 제사장과 그 가족의 몫이 되었습니다(민 18:12-13). 그뿐만 아니라 처음 난 사람과 짐승도 모두 제사장의 몫입니다. 정결한 짐승은 제물로 제단에 드리고 나면 남은 부분이 제사장 의 몫이 됩니다. 사람이나 부정한 짐승은 제물로 드릴 수 없기 때문에, 사람은 은 다섯 세겔의 속전으로, 부정한 짐승은 각각 값을 매겨 속전으로 대속해야 했습니다(민 18:15-18). 민수기 18:19에 '거제로 드리다'라는 말은 '두 손으로 제물을 들어 올 려서 드리다'라는 의미가 있지만, 사실상 이제까지 말한 바 '이 스라엘 백성이 하나님께 드리는 제물'을 총칭하는 표현으로 이 해할 수 있습니다. 이 모든 것이 제사장의 영구한 몫의 음식이 됩니다.

> 이스라엘 자손이 여호와께 거제로 드리는 모든 성물은 내가 영구 한 몫의 음식으로 너와 네 자녀에게 주노니 이는 여호와 앞에 너 와 네 후손에게 영원한 소금 언약이니라(민 18:19).

"영원한 소금 언약"이라는 말은 이 규례의 영원함을 강조합 니다. 소금은 변하지 않는다는 특성을 가지고 있는데, 고대 근동 에서 계약을 맺은 쌍방이 계약을 비준하는 마지막 행위로 함께 식사를 하면서 소금을 나누는 관습을 배경으로 한 말씀으로 보 입니다. 이스라엘 백성이 있고 하나님께서 세우신 제사장과 레위인이 존속하는 한, 이것은 폐할 수 없는 하나님의 언약이라는 말씀입니다.

　제사장의 몫에 대한 규정에 이어 레위인의 몫에 대한 규정이 언급됩니다(민 18:21-32). 레위인의 몫에 대한 설명은 제사장의 몫에 대한 설명에 비하면 단순합니다(민 18:21-24). 제사장에게는 백성이 하나님께 드리는 제물이 몫으로 주어졌다면, 레위인의 몫은 백성이 드리는 십일조였습니다.

> 내가 이스라엘의 십일조를 레위 자손에게 기업으로 다 주어서 그
> 들이 하는 일 곧 회막에서 하는 일을 갚나니(민 18:21).

　십일조는 경작할 땅을 얻지 못한 레위인의 수고에 대한 대가로 하나님께서 주시는 몫이었습니다. 하나님께서는 "이는 회막에서 일한 너희의 보수"라고 명확하게 말씀하셨습니다(민 18:31). 그런데 여기서 제사장의 몫으로 주어지는 것이 더 있습니다. 백성으로부터 십일조를 받은 레위인은 다시 그중에서 가장 좋은 것을 떼어 하나님께 십일조로 드리고 그것을 제사장의 몫으로 돌려야 했습니다(민 18:26-29).

백성의 책임

결국 하나님께서 제사장과 레위인의 몫으로 말씀하신 모든 것은 그것이 제물이든 십일조든 이스라엘 백성으로부터 나오는 것이었습니다. 하나님께서 제사장과 레위인을 위하여 정하신 제도 곧 백성이 하나님께 드리는 제물과 첫 열매와 십일조를 통하여 제사장과 레위인을 살게 하신 것입니다. 그렇다면 하나님께서 이 제도를 말씀하셨을 때 이스라엘 백성은 어떻게 받아들였을까요? 만일 고라와 다단과 아비람의 반역이 절정에 이르렀거나 백성의 마음에 시기심이 발동하고 있었을 때 하나님께서 이 제도를 말씀하셨다면, 백성은 "그건 말도 안 돼!"라고 일축했을 것입니다. "그들이 제사장과 레위인의 특권을 독점하는 것도 억울한데, 왜 우리가 그들의 생활을 책임져야 하지?" 하고 원망의 말을 했을지도 모릅니다.

그러나 하나님께서는 고라와 다단과 아비람의 반역을 통하여 세우신 제사장과 레위인의 권위와 직분을 이미 확증해 주셨습니다. 이 반역 이후 이스라엘 백성이 자신들을 하나님 앞에 나아갈 수조차 없는 존재, 죽을 수밖에 없고 망해야 하는 존재로 인식하고 절규할 즈음에 하나님께서 이 말씀을 주셨다는 것은 중요합니다. 이스라엘 백성이 이날 고라와 다단과 아비람의 반역을 통해서 하나님께서 가르쳐 주신 교훈을 제대로 깨달았다면, 제사장과 레위인을 살게 하기 위하여 하나님이 정하신 제도를 말씀하셨을 때 이렇게 반응했을 것입니다. "오, 하나님! 죽어 망할 수밖에 없는 우리를 섬기도록 제사장과 레위인을 택하여 세워 주셔서 감사합니다. 자신들의 땅을 기업으로 얻지도 못하고 오직 우리를 위하여 하나님을 섬기는 수고를 감당해야 하는 제사장과 레위인의 모든 생활을 저희가 책임지고 감당하겠습니다. 열심으로 하나님께 제물을 드리며 첫 열매와 십일조를 바치겠습니다." 이런 고백과 함께 자신들의 **책임**을 헌신과 사랑으로 감당했을 것이고, 이것이 하나님께서 바라시는 아름다운 그림이었을 것입니다.

백성의 타락상

하지만 이스라엘 역사에서 실제로 이 일이 잘 지켜졌습니까? 우리는 성경이 전해 주는 한 가지 인상적인 에피소드를 기억합니다. 이 에피소드는 사사기 17장에 기록된 미가 집안의 제사장 이야기입니다. 에브라임 산지에 살던 미가는 어머니의 재산 중에 은 천백을 훔쳤습니다. 어머니가 훔쳐간 자를 저주하는 것을 들은 미가가 어머니에게 훔친 은을 돌려주자, 어머니는 아들을 위해 은 이백을 가져다가 세공 기술자를 시켜 신상을 만들었고, 미가는 신당에 에봇과 드라빔을 만들어 두었습니다. 그리고 자기 아들 가운데 한 명을 제사장으로 세웠습니다. 이 미가 집안의 이 야기에 또 한 사람의 인물이 등장하는데, 그는 유다 땅 베들레헴에 거주하는 한 젊은 레위인입니다. 그는 베들레헴을 떠나 거주할 곳을 찾아다니다가 에브라임 산지까지 와서 미가의 집에 이르게 됩니다. 이 레위인 청년의 처지를 들은 미가는 그를 자기 집안의 제사장으로 초청합니다.

> 네가 나와 함께 거주하며 나를 위하여 아버지와 제사장이 되라.
> 내가 해마다 은 열과 의복 한 벌과 먹을 것을 주리라(삿 17:10).

미가가 레위인 청년에게 한 이 말에는 "은 열과 의복 한 벌과 먹을 것"이라는 레위인 청년의 삶에 대한 보장의 약속이 있습니다. 이런 보장은 이미 하나님께서 제사장과 레위인에게 약속하신 것이 아닙니까? 어쨌든 이 레위인 청년은 이렇게 거주할 곳과 함께 생활의 보장을 약속받고 미가 집안에 고용된 제사장이 되었습니다. 마침 하나님께서 줄로 재어 준 기업에 만족하지 못한 단 지파는 북쪽에 있는 땅을 정탐하기 위해 사람들을 보내는데, 이들이 미가의 집에 묵게 되고 레위인 청년이 미가의 집에 머물게 된 사연을 듣게 됩니다. 이후로 단 지파는 라이스에서 자기들이 거하기에 적합한 땅을 발견하게 되고, 그 땅을 정복하기 위해서 용사 육백 명과 함께 다시 미가의 집을 찾게 됩니다. 여기서 단지파 사람들은 이 레위인 청년을 자신들의 제사장으로 청합니다.

> 우리와 함께 가서 우리의 아버지와 제사장이 되라. 네가 한 사람의 집의 제사장이 되는 것과 이스라엘의 한 지파 한 족속의 제사장이 되는 것 중에서 어느 것이 낫겠느냐(삿 18:19).

단 지파 사람들의 말에는 미가가 전에 말했던 것과 같은 삶에 대한 보장이 들어 있습니다. 아니, 더 나은 삶에 대한 약속이 엿보입니다. 그래서 이 레위인 청년은 "마음에 기뻐하여" 이들의 제안을 수락합니다(삿 18:20). 거류할 곳을 찾아 헤매다가 미가의 집 제사장이 되었고, 이후에는 미가의 집보다 더 큰 단 지파의 제사장이 된 이 레위인 청년은 오직 보수를 위해 종교적 직무를 감당하는 타락한 목사의 초상을 보여줍니다. 사사기 본문은 이 레위인 청년의 정체를 이야기의 결말에서 밝혀 줍니다.

> 단 자손이 자기들을 위하여 그 새긴 신상을 세웠고 모세의 손자요 게르솜의 아들인 요나단과 그의 자손은 단 지파의 제사장이 되어 그 땅 백성이 사로잡히는 날까지 이르렀더라(삿 18:30).

그는 모세의 손자 요나단이었습니다! 레위 자손이자 모세의 손자가 왜 자기가 본래 거주하던 유다 베들레헴을 떠나 거류할 곳을 찾아 방황하는 존재가 되었을까요? 하나님께서 민수기 18장에서 제사장과 레위인을 위하여 제정하신 안전장치는 제대로 작동하지 않았습니다. 땅을 기업으로 받지 못한 채 오직 자신들을 위하여 하나님을 섬기도록 전임으로 부름받은 형제들을 위한 책임을 이스라엘 백성은 감당하지 않았습니다. 레위인이 먹고 살기 위해서 거류할 곳을 찾았다는 것은 이스라엘 백성이 하나님께 십일조를 제대로 드리지 않았다는 이야기입니다. 그래서 모세의 손자는 살기 위해서 길을 떠나야 했고, 결국 이것이 더 깊은 타락의 수렁으로 그를 데려간 것입니다. 이스라엘 백성이 이렇게 무책임하게 되는 데에는 오랜 세월이 필요했던 게 아닙니다. 모세의 손자가 이런 상황이었다면, 다른 레위인의 처지야 어떠했을지 가늠해 볼 수 있지 않겠습니까? 이것은 하나님께서 제사장과 레위인을 위하여 제정하신 제도를 무시하고 책임을 감당하지 않은 백성의 총체적 타락상을 보여줍니다. 제사장과 레위인이 자기 직분을 감당하지 않고 먹고살 길을 찾아 나서야 했을 정도라면, 그들의 제사와 예배는 얼마나 무너져 내렸겠습니까?

우리는 구약성경에서 이와 관련된 두 경우를 살펴볼 수 있는데, 히스기야와 느헤미야 시대의 이야기입니다. 히스기야 왕은

자신의 시대에 신앙개혁운동을 일으켜, 우상과 모든 산당 그리고
우상의 제단을 허물었을 뿐 아니라 제사장과 레위인의 직분을
개혁했습니다. 그는 제사장과 레위인이 자신들의 직분을 수행하
는 일에 전념하도록 하기 위해서는 이스라엘 백성이 하나님께서
세우신—민수기 18장에 기록된—제도를 잘 수행해야 한다는 것을
알고 있었습니다. 그래서 히스기야는 예루살렘에 사는 백성에게
"제사장들과 레위 사람들 몫의 음식을 주어 그들에게 여호와의
율법을 힘쓰게 하라"고 명령을 내렸습니다(대하 31:4).

　히스기야의 이 명령이 함축하는 바는 무엇입니까? 이스라엘
백성은 하나님께서 율법에 정하신 제도를 따라 제사장과 레위인
의 몫으로 정해진 제물과 첫 열매와 십일조를 신실하게 드렸던
것 같지 않습니다. 그래서 결국 직분이 무너지게 되었고, 그와 더
불어 이스라엘의 영적 상황이 암울한 상태를 벗어날 수 없게 되
었을 것입니다. 이것이 이스라엘 역사의 일반적 상황이었습니다.
이러한 상황 가운데 히스기야와 같이 경건한 왕이 신앙개혁운동
을 일으키자 직분의 개혁이 일어났고, 백성으로 하여금 하나님께
서 정하신 제도를 책임 있게 감당할 것을 요구하게 된 것입니다.

　느헤미야 시대의 신앙 부흥에서도 동일한 상황을 볼 수 있
습니다. 바벨론 포로에서 돌아온 유다 백성은 에스라와 느헤미야
의 지도력 아래서 큰 부흥을 경험하는데, 곧 느헤미야 8장에 기

록된 '수문 앞 광장에서의 부흥'입니다. 이후 유다 백성은 하나님과의 언약을 갱신하게 되는데, 이때 이들이 하나님 앞에서 행하겠다고 하는 내용에 제사장과 레위인을 위하여 그들이 드릴 제물과 첫 열매와 십일조가 언급된다는 점은 주목할 만합니다.

> 해마다 우리 토지 소산의 맏물과 각종 과목의 첫 열매를 여호와의 전에 드리기로 하였고 또 우리의 맏아들들과 가축의 처음 난 것과 소와 양의 처음 난 것을 율법에 기록된 대로 우리 하나님의 전으로 가져다가 우리 하나님의 전에서 섬기는 제사장들에게 주고 또 처음 익은 밀의 가루와 거제물과 각종 과목의 열매와 새 포도주와 기름을 제사장들에게로 가져다가 우리 하나님의 전의 여러 방에 두고 또 우리 산물의 십일조를 레위 사람들에게 주리라 하였나니 이 레위 사람들은 우리의 모든 성읍에서 산물의 십일조를 받는 자임이며 레위 사람들이 십일조를 받을 때에는 아론의 자손 제사장 한 사람이 함께 있을 것이요 레위 사람들은 그 십일조의 십분의 일을 가져다가 우리 하나님의 전 곳간의 여러 방에 두되 곧 이스라엘 자손과 레위 자손이 거제로 드린 곡식과 새 포도주와 기름을 가져다가 성소의 그릇들을 두는 골방 곧 섬기는 제사장들과 문지기들과 노래하는 자들이 있는 골방에 둘 것이라. 그리하여 우리가 우리 하나님의 전을 버려두지 아니하리라 (느 10:35-39).

유다 백성이 하나님과의 언약을 갱신하면서 결심하는 이 내
용은 이들이 평상시에 이 의무를 성실하게 행하지 않았다는 것
을 암시합니다. 그리고 실제로 어떤 일이 일어납니까?

> 그날에 사람을 세워 곳간을 맡기고 제사장들과 레위 사람들에게
> 돌릴 것 곧 율법에 정한 대로 거제물과 처음 익은 것과 십일조를
> 모든 성읍 밭에서 거두어 이 곳간에 쌓게 하였노니 이는 유다 사
> 람이 섬기는 제사장들과 레위 사람들로 말미암아 즐거워하기 때
> 문이라(느 12:44).

유다 백성은 그들을 섬기는 제사장과 레위인으로 말미암아
기뻐했기 때문에 마땅히 이 형제들을 섬기는 책임을 기쁨으로
감당할 수 있었습니다. 하지만 슬프게도 이것은 이스라엘 역사에
서 드문 경우였습니다.

전임사역자를 부양할 교회의 책임

민수기 18장에 규정된 이 율법은 오늘날 신약 성도들에게 어떤
의미를 가질까요? 이 하나님의 말씀은 오늘날 성도들에게 어떻
게 적용되어야 할까요? 여기서 우리는 두 가지 질문을 던질 수

있습니다.

오늘날 교회에는 더 이상 제사장과 레위인이 존재하지 않고, 대신 전임사역으로 부름받은 목회자들이 있습니다. 우리가 첫 번째로 던져야 할 질문은, '본문의 가르침이 오늘날 전임사역자에 대한 교회의 책임에 대해서 무엇을 말하고 있는가' 하는 것입니다. 그리고 두 번째 질문은, '십일조는 전임사역자를 책임진다는 면에서 신약 성도들에게 구속력을 가지는 율법인가' 하는 것입니다.

교회는 전임사역으로 부름받은 목사에 대하여 어떻게 부양의 책임을 감당해야 할까요? 본문은 제사장과 레위인의 몫에 대한 말씀인데, 이것을 신약 교회에 적용하는 것은 성경적으로 합당한 근거를 가질 수 있을까요? 물론입니다.

주님께서는 제자들을 둘씩 짝지어 전도하도록 내보내면서 이렇게 말씀하셨습니다.

너희 전대에 금이나 은이나 동을 가지지 말고 여행을 위하여 배낭이나 두 벌 옷이나 신이나 지팡이를 가지지 말라. 이는 일꾼이 자기의 먹을 것 받는 것이 마땅함이라(마 10:9-10, 눅 10:7 참조).

또한 바울은 다음과 같이 말했습니다.

모세의 율법에 곡식을 밟아 떠는 소에게 망을 씌우지 말라 기록
하였으니 하나님께서 어찌 소들을 위하여 염려하심이냐. 오로
지 우리를 위하여 말씀하심이 아니냐. 과연 우리를 위하여 기록
된 것이니 밭 가는 자는 소망을 가지고 갈며 곡식 떠는 자는 함
께 얻을 소망을 가지고 떠는 것이라. 우리가 너희에게 신령한 것
을 뿌렸은즉 너희의 육적인 것을 거두기로 과하다 하겠느냐(고전
9:9-11).

바울은 "곡식 떠는 소에게 망을 씌우지 말라"(신 25:4)는 율
법의 규정을 인용하여 적용합니다(딤전 5:18).

주님의 말씀과 바울의 구약 인용은, 영적 봉사자들을 통해
서 수혜를 입는 성도들이 그들의 필요를 채워 주어야 하는 것이
신약의 원리임을 보여줍니다. 사역자들이 하나님의 은혜를 의지
하여 일한다는 것은 성도들의 호의와 사역의 열매를 의존하여
살아간다는 의미입니다. 이런 근거에서 바울은 갈라디아 교인들
에게 "가르침을 받는 자는 말씀을 가르치는 자와 모든 좋은 것
을 함께하라"(갈 6:6)고 권면했습니다. 전임사역자의 마음이 생
계와 목회로 나뉨으로써 하나님께서 맡기신 신령한 직분에 집중
하지 못하는 일이 없도록 성도들의 지원을 받아야 한다는 것입
니다.

십일조는 그리스도인을 구속하는 율법 규정인가

이것은 우리를 십일조의 문제로 인도합니다. 이와 관련해서 논란이 많은 이슈가 있는데, '모세 율법이 명한 **십일조 규정**이 과연 신약 성도들에게 **구속력**을 가지는 규례가 될 수 있는가' 하는 점입니다.

십일조는 아브라함이 멜기세덱에게 자신이 얻은 전리품의 십분의 일을 바치는 장면에서 처음 등장합니다(창 14:17-24). 그리고 야곱이 하나님께 자신을 평안히 아버지 집으로 돌아오게 하시면 하나님이 주신 모든 것에서 십분의 일을 드리겠다고 서원하는 내용에서도 볼 수 있습니다(창 28:21-22). 아브라함과 야곱의 경우, 이것은 자원의 성격을 가진 것들이었습니다. 하지만 모세의 율법으로 오게 되면, 십일조는 언약의 규정이자 이스라엘 백성에게 요구된 명령으로 주어집니다. 언약 규정의 성격상 이 명령을 지키느냐 안 지키느냐에 따라 하나님의 복과 저주가 걸려 있었기에, 하나님께서는 말라기 선지자를 통해서 백성을 이렇게 책망하셨습니다.

사람이 어찌 하나님의 것을 도둑질하겠느냐. 그러나 너희는 나의 것을 도둑질하고도 말하기를 우리가 어떻게 주의 것을 도둑질

하였나이까 하는도다. 이는 곧 십일조와 봉헌물이라. 너희 곧 온
나라가 나의 것을 도둑질하였으므로 너희가 저주를 받았느니라.
만군의 여호와가 이르노라. 너희의 온전한 십일조를 창고에 들여
나의 집에 양식이 있게 하고 그것으로 나를 시험하여 내가 하늘
문을 열고 너희에게 복을 쌓을 곳이 없도록 붓지 아니하나 보라
(말 3:8-10).

그러나 본질적으로 언약 규정인 십일조는 모세의 율법에서
영구적으로 유효한 도덕법 규정은 아니었습니다. 일반적으로
십일조를 신약 성도들도 지켜야 하는 율법 규정이라고 주장할
때 인용되는 대표적인 신약성경 구절은 마태복음 23:23입니다.
주님께서는 바리새인들의 외식을 꾸짖으면서 이렇게 말씀하셨
습니다.

화 있을진저 외식하는 서기관들과 바리새인들이여. 너희가 박하
와 회향과 근채의 십일조는 드리되 율법의 더 중한 바 정의와 긍
휼과 믿음은 버렸도다. 그러나 이것도 행하고 저것도 버리지 말
아야 할지니라.

어떤 사람들이 주장하는 것처럼, 주님께서 여기서 신약 성

도들이 십일조 규정을 지켜야 한다고 말씀하신 것이라고 해석하기는 어렵습니다. 예수님께서 이 말씀을 하신 시점은 여전히 모세의 율법이 유효한 시대였다는 점을 고려해야 합니다. 예수님이 십자가에서 죽으심으로 성전의 휘장이 찢어지기 전까지는 여전히 모세의 모든 율법이 유효했다고 보아야 합니다. 예수님께서 성전세를 내신 것(마 17:24-27)도 이런 차원에서 이해될 수 있는 일입니다.[1] 예수님께서 십자가에서 죽으시고 부활하신 뒤 아론보다 우월한 멜기세덱의 계열을 따른 제사장이 되셨다는 것을 논증하는 히브리서 7장을 제외하면 '십일조' 곧 '십분의 일'이라는 말은 서신서에 등장하지 않습니다.[2] 물론 히브리서 7장 역시 십일조를 하라는 권면에 초점을 맞추고 있는 본문은 아닙니다. 심지어 바울이 사역자들을 후원하고 부양해야 할 교회의 책임을 말할 때, 구약성경의 십일조 규정이나 민수기 18장을 인용하는 대신 시민법 규정인 "곡식 떠는 소에게 망을 씌우지 말라"(신 25:4)는 말씀을 적용한 것은 놀랍습니다. 간단하기는 하지만 이러한 점들을 고려할 때, 모세 율법의 십일조 규정은 신약 시대 성도들에게 하나의 원리로 적용될 수 있으나 율법적 구속력을 지니지는 않는다고 말할 수 있습니다.

그러면 십일조 규정을 오늘날에도 유효한 율법 규정이 아니라 하나의 원리로 적용한다면, 그것은 어떤 방식으로 적용되어야

할까요? 여기서 본래 구약의 십일조가 어떤 용도를 위하여 제정
되었는지를 살피는 것이 유익할 것입니다.

　　구약성경에서 십일조의 용도는 세 가지로 정리됩니다. 첫째,
민수기 18장에서 살펴본 대로 하나님께서는 이스라엘의 십일조
를 레위 자손에게 기업으로 주셨습니다. 이것은 하나님께서 레위
인에게 주시는 기업이자(민 18:24) 회막에서 일한 것에 대한 보
수였습니다(민 18:31). 두 번째로 십일조는 하나님께서 택하신
성소로 가서 자녀와 노비와 성중에 거하는 레위인과 함께 명절
을 보내고 먹고 마시는 데 사용되었습니다(신 12:17-19, 14:22-
27). 이것은 레위인에게 주는 십일조의 한 부분으로 이해할 수도
있을 것입니다. 십일조의 세 번째 용도는, 이스라엘 백성이 삼 년
마다 십일조를 성읍에 저축하여 그들 중 분깃이나 기업이 없는
레위인과 성중에 거류하는 객과 고아와 과부들을 구제하는 데
사용한 것입니다(신 14:28-29, 26:12).

　　이렇게 십일조의 용도만 살펴보아도 오늘날 교회에 시사하
는 바가 적지 않습니다. 비록 오늘날 율법적 구속력을 지니지는
않는다고 하더라도, 십일조의 원리는 교회를 섬기는 전임사역
자와 그 가족을 부양하고, 공동체의 교제를 풍성하게 하며, 나아
가 교회 안팎으로 구제의 일을 풍성하게 감당하는 일에 유익하
게 사용될 수 있습니다. 다만 전임사역자의 생활을 책임져야 하

는 교회의 책임을 말할 때 바울이 구약의 십일조 규정에 의존하지 않은 것은, 십일조가 율법적 구속력을 가지는 것으로 오해될 수 있기 때문일 것입니다.

사실, 십일조는 그리스도인이 충성스러운 재정의 청지기로서 지켜야 할 기준을 제시해 주는 면이 있습니다. 하지만 이 기준이 우리의 양심을 최소한의 선에 묶어 두는 용도가 되어서는 안 될 것입니다. 바울은 고린도 교회에 "매주 첫날에 너희 각 사람이 수입에 따라 모아 두어서 내가 갈 때에 연보를 하지 않게 하라"고 말씀했습니다(고전 16:2). "수입에 따라" 헌금을 한다는 것은 사실상 수입의 많고 적음에 따라 비율로 적용되는 십일조의 원리에 가깝습니다. 하나님께로부터 더 많이 받은 사람은 더 많이 드릴 수 있겠지만, 이것은 언제나 물질의 양보다 은혜의 양에 의존합니다. 가난한 과부는 자기 소유 전부를 헌금하였고(눅 21:1-4), 삭개오는 소유의 절반을 드렸습니다!(눅 19:8) 그들은 십일조의 규정 아래 있던 사람들이었지만 이렇게 풍성하게 하나님께 드릴 수 있었는데, 그것은 바로 은혜 때문이었습니다.

열쇠는 은혜다

하나님께서는 이스라엘 백성이 하나님께 드리는 제물과 첫 열

매와 십일조를 제사장과 레위인의 몫으로 주기를 기뻐하셨습니
다. 하나님께서 이 규정을 말씀하신 상황은 백성이 우리는 다 죽
었고 망했다고 말했을 때, "아니다. 내가 너희를 위하여 제사장과
레위인을 세워 너희가 죽지 않고 살길을 마련해 두었다"고 하시
는 맥락에서 주어졌습니다. 제사장과 레위인은 하나님께서 백성
을 위하여 백성에게 주신 은혜의 선물이었습니다. 그러니 백성이
자신들처럼 땅을 기업으로 받지 않은 제사장과 레위인의 부양을
책임지는 것은 마땅한 일이었습니다. 하나님께서는 이 모든 것이
그들을 구원하시고 그들에게 모든 것을 베푸시는 하나님의 은혜
에 대한 감사와 신뢰로 이루어지기를 바라셨고, 이런 방식으로
제사장과 레위인이 살아갈 수 있는 안전장치를 제도적으로 만들
어 주셨습니다.

　　결론적으로, 민수기 18장을 원리적으로 적용한 내용 곧 전
임사역자에 대한 책임의 문제나 십일조의 문제는 모두 논리가
아니라 은혜에 달려 있는 문제라는 점을 명확히 해야 합니다. 제
물이나 첫 열매나 십일조가 제사장과 레위인을 위하는 율법의
규정으로 구약 백성에게 주어졌을지라도, 그것은 전적으로 은혜
위에 근거한 규정이었습니다. 하물며 신약의 성도들에게는 어떠
하겠습니까?

　　신약의 성도들은 아론의 제사장직과 비교할 수 없는 하나님

의 은혜를 입었습니다. 하나님 아버지께서 그리스도를 우리에게 선물로 주셨고, 그리스도께서는 성자의 영광을 버리고 이 땅에 죄 있는 사람의 모양을 입고 오셔서 십자가에서 당신 자신을 우리에게 주셨습니다. 그래서 영원히 죽을 수밖에 없고 영원히 망할 수밖에 없는 우리를 구원하여 주셨습니다. 우리는 우리 삶의 모든 영역이 다 주님께 속했고 주님께로부터 받은 것이라고 고백합니다. 이런 은혜는 우리로 하여금 수입의 십분의 일을 헌금했으니 내 할 바는 다했다고 말하게 하지 않습니다. 또한 우리의 헌상은 전임사역자를 부양하는 일에만 한정되지 않습니다. 풍성한 은혜로 하나님께 드린 풍성한 물질은 교회를 섬기는 전임사역자의 생활을 감당하는 일뿐 아니라 교회 안에 가난하고 궁핍한 성도들의 필요를 채우는 일에 쓰여야 하고, 나아가 교회 밖의 가난하고 고통받는 사람들을 구제하는 일에도 풍성하게 쓰여야 합니다. 하나님께서 우리에게 베푸신 은혜가 풍성하듯 말입니다.

1. 왜 하나님께서는 까마귀를 보내어 엘리야를 먹이신 것과 다르게, 제사
   장과 레위인을 위하여 제도적 장치를 마련하셨습니까? 또 하나님께서
   제사장과 레위인에게 다른 지파와 동일하게 땅을 기업으로 주셔서 그
   들이 농사를 짓고 수고를 해서 먹고 살게 하지 않으시고, 이스라엘 백성
   이 하나님께 드리는 제물과 십일조를 통해서 보수를 받도록 하셨습니
   까?(99-100쪽)

2. 신약성경이 십일조를 하라는 율법적 명령을 주지는 않지만, 그럼에도
   불구하고 민수기 18장의 제사장과 레위인의 보수를 이스라엘 백성이 드
   리는 예물과 십일조로 책임지게 하신 원리가 신약 교회에도 적용된다는
   것을 저자는 어떻게 성경에 근거하여 설명하고 있습니까?(114-116쪽)
   특별히 바울이 이 원리를 설명하는 근거로 구약성경의 십일조 규정이나
   민수기 18장을 인용하는 대신 모세 율법의 시민법 규정인 신명기 25:4
   을 인용하는 이유는 무엇입니까?(116쪽)

3. 십일조가 신약 시대 성도들에게 율법 규정으로서의 의무 조항은 아닐
   지라도, 여전히 중요한 기준이 되는 이유를 자신의 말로 설명해 봅시다
   (117-118쪽).

5장   은혜의 역설

¹형제들아, 하나님께서 마게도냐 교회들에게 주신 은혜를 우리가 너희에게 알리노니 ²환난의 많은 시련 가운데서 그들의 넘치는 기쁨과 극심한 가난이 그들의 풍성한 연보를 넘치도록 하게 하였느니라. ³내가 증언하노니 그들이 힘대로 할 뿐 아니라 힘에 지나도록 자원하여 ⁴이 은혜와 성도 섬기는 일에 참여함에 대하여 우리에게 간절히 구하니 ⁵우리가 바라던 것뿐 아니라 그들이 먼저 자신을 주께 드리고 또 하나님의 뜻을 따라 우리에게 주었도다.

✦ 고후 8:1-5

"목사가 돈 이야기를 하면 은혜가 안 된다"는 말을 자주 듣습니다. 이런 이유 때문인지 설교에서 돈이라는 주제를 다루지 않고 피할 수 있는 대로 피하는 설교자들도 있는데, 그것은 옳지 않은 일입니다. 신앙은 돈이라는 주제를 다루지 않고는 설명하기가 어렵습니다. 가령, 하나님께서 "너는 나 외에는 다른 신들을 네게 두지 말라"(출 20:3)고 하시고, 예수님께서 "너희가 하나님과 재물을 겸하여 섬기지 못하느니라"(마 6:24)고 하신 것은, 우상으로서의 돈 문제를 다루지 않고 신앙을 가르칠 수는 없다는 것을 말씀하신 것입니다. 특히 현대 자본주의 사회에서 살아가는 사람들에게 돈이라는 우상보다 더 큰 우상이 있습니까? 교회의 다툼도 많은 경우 돈과 재산 문제 때문에 일어나지 않습니까? 우애 좋던 형제들이 부모의 유산 문제를 놓고 원수가 되는 일은 또 무엇입니까?

　돈에 대한 태도를 제대로 가르치지 않으면서 신앙을 제대로 가르칠 길은 없습니다. 신앙은 돈에 대한 관점을 근본적으로 변화시킵니다. 하나님에 대한 누군가의 태도를 보기 위해서는 그가 돈에 대해서 어떤 태도를 가지고 있는지를 보면 됩니다. 문제는 돈을 사랑하는 태도입니다. 바울이 "돈을 사랑함이 일만 악의 뿌리가 되나니"(딤전 6:10)라고 디모데에게 말했을 때, 그 말씀은 돈에 대한 말을 하는 것은 위험하고 성도들을 시험에 들게 하기 쉬우니 절대 강단에서 돈 이야기는 하지 말라는 권면이 아닙니다. 도리어 돈에 대해서 말하고 가르쳐야 할 것을 권면한 것입니다.

　"목사가 돈 이야기를 하면 은혜가 안 된다"는 말은 아마 헌금을 강요하는 목사의 잘못된 태도를 두고 하는 말일 것입니다. 한국 교회의 적지 않은 교인들이 한두 번 정도 이런 좋지 않은 경험을 했을지도 모릅니다. 이런 식으로 돈 이야기를 하는 것은 단지 은혜가 되지 않는 수준을 넘어 목사와 교회의 타락을 보여주는 지표입니다. 헌금에 대한 설교도 마찬가지인데, 설교자는 성경이 헌금에 대해서 가르친 원리와 방식을 따라서 말할 자격을 가질 뿐입니다. 설교자는 강단에서 성경의 원리와 방식을 넘어 자신의 생각과 필요를 추가할 권리를 받은 적이 없습니다.

　신앙과 돈이 그토록 깊이 연결되어 있는 것이 사실이라면, 헌금과 돈은 더더욱 깊이 연결되어 있는 문제입니다. '돈을 어떻

게 사용하는가'가 신자의 신앙을 드러내는 것이라면, '어떤 마음
과 태도로 헌금을 드리는가' 역시 신앙을 드러내는 지표라는 것
은 부인할 수 없는 사실입니다. 그러기에 돈과 헌금에 대한 성경
의 메시지를 적절하고 바르게 가르치는 것은 목사의 피할 수 없
는 직무입니다. 신약성경에도 이 주제를 다루는 많은 본문이 있
지만, 특히 고린도후서 8-9장은 '은혜와 돈'이라는 맥락에서 헌
금의 주제를 다루는 좋은 본문입니다. 그래서 저는 이 본문을 가
지고 이 책의 5-8장에 걸쳐서 돈과 깊이 연결되어 있는 은혜 이
야기를 살펴보려고 합니다. 여기서 바울은 내내 돈 이야기를 하
고 있지만, 우리는 여기서 은혜의 이야기를 듣게 될 것입니다.

돈 이야기, 은혜 이야기

고린도후서를 써 내려가던 바울은 갑자기 8장에서 돈 이야기를
꺼내기 시작합니다. 그 이유가 무엇일까요? 일 년 전쯤에 바울은
고린도 교회에 모금을 부탁했습니다. 이는 특별히 고린도 교인들
에게만 부탁한 모금은 아니었습니다. 예루살렘 교회가 오랜 흉년
으로 가난에 허덕이게 되자, 바울은 자신이 복음을 전해서 세워
진 많은 이방인 교회들에 어려움을 당한 예루살렘 교회의 형제
들을 도우라고 호소하면서 모금을 시작했던 것입니다. 예루살렘

형제들은 비록 한 번도 얼굴로 본 적이 없는 사람들이지만, 그리스도 안에서 형제인 그들을 돕기 위한 연보를 이방인 교회들이 하는 것은 복음의 실재를 따라 사는 삶에 절대적으로 필요한 일이었습니다. 처음에 예루살렘에서 시작된 복음이 자신들에게로 전해졌고, 이제 그리스도 안에서 유대인과 이방인을 가르는 담이 무너져 하나가 되고 한 성전이 되어 간다는 것은, 예루살렘 형제들이 당하는 가난과 어려움을 더 이상 모르는 척하고 살아갈 수 없음을 뜻합니다. 바울은 이 모금 행위를 통해서 자신이 전하는 복음에 합당한 삶을 살도록 이방인 교회들에 요구하고 있었던 셈입니다. 바울에게 이방인 교회들이 돈으로 예루살렘 교회를 돕는 것은 입으로 하는 복음의 고백을 삶으로 증명하는 일이었습니다.

바울이 고린도 교회에 이 모금을 부탁하고 나서 일 년이라는 세월이 흘렀습니다. 시간이 흐르는 동안 고린도 교회에는 거짓 교사들이 들어와 거짓 복음을 전하는 일이 발생했습니다. 이 거짓 복음에 마음을 빼앗긴 교인들은 바울을 향해 "당신이 진짜 사도냐?" 하는 말도 안 되는 의심을 드러내기 시작했고, 결국 바울과 고린도 교회 사이에 메우기 힘든 깊은 골이 생기게 되었습니다. 심지어 바울이 부탁한 모금의 진정성마저 의심하는 지경에 이르렀으니, 더 이상 이들에게서 헌금을 기대할 수 있는 상황이 아니었습니다. 하지만 하나님의 은혜로 바울이 고린도후서를 쓰기 전에 쓴 편지를 통해 적지 않은 사람들이 돌이켜 회개하게 되었고, 다시 바울의 사도직을 인정하고 사도가 전한 그 복음으로 돌아오게 되었습니다. 하지만 여전히 회개하지 않고 남아 있는 사람들을 돌이키려는 아버지의 마음으로 고린도후서를 쓰던 바울은, 이제 8장에 이르러서는 어조를 바꾸어 회개하고 돌아온 고린도 교인들을 향하여 조금은 편안한 마음으로 "그때 내가 여러분에게 부탁했던 그 일 곧 모금을 잘 마쳐 달라"고 부탁하기 시작합니다. 이것이 고린도후서 8-9장에 돈 이야기가 주제로 등장하게 된 배경입니다.

마게도냐 교회들이 보여준 은혜의 역설

바울은 다시 이 모금의 문제를 직접적으로 다루기 전에, 고린도 교회에 마게도냐 교회들의 사례를 소개합니다. 이것은 고린도 교회에 이 모금에 참여하려는 동기를 불러일으키기 위한 도입이라고 할 수 있습니다. 바울이 여기서 일종의 자랑을 한다고 볼 수 있는데, 그가 자랑하는 것은 마게도냐 교회들이 아닙니다. 정확하게 말하면, 하나님께서 마게도냐 교회들에 주신 '은혜'를 자랑하는 것입니다(고후 8:1). 이 차이는 중요합니다. 바울의 의도는 마게도냐 교회들이 얼마나 훌륭한지를 말하려는 것이 아닙니다.

그가 언제나 견지하고 있는 방식대로, 어떤 사람이나 교회를 높이려는 것이 아니라 하나님을 높이려고 하는 것입니다. 즉 그가 말하려는 것은, '하나님께서 마게도냐 교회들에 주신 은혜가 어떻게 마게도냐 교회들을 변화시켰는가' 하는 것입니다. 하나님의 은혜의 큰 능력을 말하려는 것입니다. 모든 영광을 하나님께만 돌리고자 하는 바울의 태도는 여기서도 일관되게 드러납니다. 지금 바울은 고린도 교인들 면전에서 마게도냐 교회들을 자랑함으로써 그들을 부끄럽게 하거나 경쟁심을 유발시키거나 싸움을 붙이려는 것이 아니라 그들을 격려하려는 것입니다.

바울이 말하는 '마게도냐 교회들'은 정확히 어떤 교회들을 가리키는 말일까요? 마게도냐는 로마 제국의 속주로, 고린도가 위치한 아가야 주 북쪽과 인접한 지역입니다. 바울이 복수 형태로 말하고 있는 마게도냐 교회들은 마게도냐의 대표적 도시인 베뢰아, 데살로니가, 빌립보 교회 모두를 가리키는 것일 수도 있지만, 빌립보 안에 있는 여러 가정교회들을 가리키는 것일 수도 있습니다. 적어도 우리는 빌립보서에서 빌립보 교회가 바울에게 얼마나 너그럽고 넘치도록 헌금을 보내고 그의 사역에 물심양면으로 동참하였는지를 알고 있지 않습니까? 바울과 유난히 친밀한 관계를 유지했던 빌립보 교회는, 가난하지만 특별히 바울의 사역을 위하여 여러 차례 최선을 다하여 헌금했던 교회입니다.

"빌립보 사람들아, 너희도 알거니와 복음의 시초에 내가 마게도냐를 떠날 때에 주고받는 내 일에 참여한 교회가 너희 외에 아무도 없었느니라. 데살로니가에 있을 때에도 너희가 한 번뿐 아니라 두 번이나 나의 쓸 것을 보내었도다"(빌 4:15-16).

바울이 말하고 싶은 것의 핵심은 다음의 말씀에 나옵니다.

환난의 많은 시련 가운데서 그들의 넘치는 기쁨과 극심한 가난이 그들의 풍성한 연보를 넘치도록 하게 하였느니라(고후 8:2)

여기에는 어울리지 않는, 아니 불가능한 두 개의 조합이 나옵니다. 첫째 조합은 "환난의 많은 시련"과 "넘치는 기쁨"이고, 둘째 조합은 "극심한 가난"과 "풍성한 연보"입니다. 이 두 쌍의 조합은 상식적으로 조화를 이루는 말의 조합들이 아닙니다. 만일 환난의 많은 시련이 있다면, 그 뒤에는 '넘치는 슬픔과 분노'가 나와야 자연스러울 것입니다. 그리고 극심한 가난 뒤에는 '부족한 연보' 혹은 '적은 연보'가 나와야 마땅합니다. 그런데 이것들은 정반대의 조합입니다. 도대체 무엇이 이러한 조합을 가능하게 만들었을까요? 바울이 말하고 싶은 것은 하나님의 은혜가 마게도냐 교회들로 하여금 이 일을 가능하게 했다는 것입니다. 바울이 말한 그대로 하나님께서 마게도냐 교회들에 주신 은혜가 그 일을 한 것이고, 바울은 그 은혜를 말하려고 하는 것입니다. 우리는 이것을 '은혜의 역설'이라고 표현할 수 있습니다.

마틴 로이드 존스는 "그리스도인은 그리스도로만 설명이 가능한 사람이다"라고 그리스도인을 정의했습니다. 이 정의의 방식을 따라 마게도냐 교회 사람들을 설명한다면, "마게도냐 교회 사람들은 은혜로만 설명이 가능한 사람들입니다." 그리스도인이 그리스도로만 설명이 가능하다는 말은, 은혜로만 설명이 되는 존재라는 말과 다름이 아닙니다. 왜냐하면 우리 안에서 역사하는 하나님의 은혜는 우리 안에서 그리스도의 형상을 빚어 가기 때문입니다. 마게도냐 교회 사람들은 그 은혜를 자신들의 연보를 통해서 보여주고 있었습니다. 그렇다면 고린도 교회는 어떻습니까? 하나님께서 고린도 교회에 베푸신 은혜가 한 일은 무엇입니까? 바울이 고린도 교회를 도전하고 격려하려 했던 내용이 바로 이것입니다.

초기 한국 교회가 보여준 은혜의 역설

마게도냐 교회들에 대한 바울의 말씀을 읽다 보면, 우리 믿음의 선배들의 이야기를 떠올리지 않을 수 없습니다. 바울이 고린도 교회에 하나님이 마게도냐 교회들에 주신 은혜를 소개했듯이, 저는 하나님이 초기 한국 교회에 주신 은혜를 소개하고 싶습니다.

19세기 말에 가까스로 복음을 듣기 시작한 한국 교회가 공식적으로 해외 선교사를 파송한 것이 언제인지 아십니까? 바로 1912년입니다. 1912년은 우리나라가 일제에 강점되고 이 년이 지난 해입니다. 그해 조선예수교장로회 총회는 중국 산동성으로 박태로, 김영훈, 사병순 세 명의 선교사를 이듬해 파송하기로 결의합니다. 이것은 나라의 주권을 강제로 빼앗긴 나라의 백성, 복음이 들어온 지 삼십 년도 채 되지 않는 미약하고 지극히 가난했던 교회들의 이야기입니다. 전국에 있는 교인들은 "내 코가 석자인데 무슨 중국 선교냐?"고 토를 달지 않았던 모양입니다. 전국의 교회에서 드려진 감사헌금은 일제히 선교비로 분류되어 지게꾼에 의해 모아져서 선교사들에게 전달되었습니다. 이것은 세계 교회 역사상 유례를 찾아보기 어려운 일이자, 하나님께서 초기의 한국 교회에 주신 은혜가 한 일입니다.

이뿐만이 아닙니다. 1945년 일제에서 해방된 기쁨도 잠시, 조국은 남과 북으로 나뉘고 1950년에는 무서운 동족상쟁의 전쟁을 겪게 됩니다. 1953년 한국전쟁이 휴전 상태로 들어가고 국가는 전후의 폐허더미 위에서 다시 일어서야 하는 그때, 대한예수교장로회 총회는 선교사를 파송하기로 결정합니다. 1956년 최찬영, 김순일 선교사를 태국으로 파송한 것입니다. 선교사로 부름을 받기 전 최찬영 선교사는 미국 유학을 준비 중이었고, 부인인 김광명 선교사는 장기려 박사의 부름을 받고 부산 복음병원에서 의사로 일하던 중이었습니다. 당시 지구상에서 가장 가난한 나라였던 한국의 교회들이 이렇게 할 수 있었던 것은 하나님께서 주신 은혜가 아니고서는 결코 설명될 수 없는 일입니다.

바울이 가난하고 환난이 많은 마게도냐 교회들에 하나님께서 주신 은혜의 이야기를 비교적 여유 있고 수준 높은 고린도 교회에 들려주었을 때, 이 이야기를 듣는 고린도 교인들은 어떤 마음이었을까요? 나라의 주권을 빼앗겼던 1912년과 전쟁의 폐허 위에 있던 1956년에 사역했던 우리 믿음의 선조들 이야기를 듣는 우리의 마음과 비슷하지 않았을까요? 바울은 일 년 전에 말해 두었던 예루살렘 교회를 위한 모금 이야기를 하나님의 은혜를 말함으로써 시작하고 있습니다.

은혜는 결과를 만든다

은혜는 일을 합니다. 은혜는 하나님께서 죄인을 변화시키는 주요 도구입니다. 전능하신 하나님께서는 죄인을 변화시키기 위해서 완력이나 강제력이 아닌 은혜를 사용하십니다. 우리가 설교를 듣거나 혹은 어떤 상황에서 은혜를 받았다고 말할 때, 그것은 단지 우리 감정의 어떤 상태를 설명하는 표현이 아닙니다. 은혜는 결과를 만들어 냅니다. 은혜는 기이하고 놀라운 일을 사람 안에서 이루어 냅니다. 마게도냐 교회들에 주신 하나님의 은혜가 큰 환난의 시련 가운데 기쁨이 넘치도록 하고, 극심한 가난 속에서 넉넉한 베풂을 가능하게 한 것처럼 말입니다(고후 8:2).

은혜가 이 역설적 결과를 만들어 낸 것입니다. 은혜는 마음에만 머무르고 끝나지 않습니다. 은혜는 사람을 변화시키고, 사람으로 하여금 상황을 넘어서게 하는 능력을 발휘합니다. 그래서 은혜는 환난을 견디게 하고 자기 너머를 보게 합니다. 자기 너머에 있는 사람, 자기 너머에 있는 세상을 보게 합니다. 은혜는 사람으로 하여금 그 본래적 자기중심성과 이기주의적 성향을 넘어서게 합니다. 은혜는 진정으로 나를 넘어 너를 사랑하게 합니다.

바로 이것이 하나님께서 마게도냐 교회들에 주신 은혜의 증거들이었고, 바울은 그것을 "환난의 많은 시련과 넘치는 기쁨", 그리고 "극심한 가난과 넘치는 연보"라는 역설적 조합으로 표현하였던 것입니다. 사실, 바울 서신 전체에는 이런 은혜의 이야기들이 혈관의 피처럼 흐르고 있습니다. 그러므로 우리가 만일 바울 서신에서 은혜를 제거한다면, 남는 것은 아무것도 없게 될 것입니다. 바울의 고백을 들어 보십시오.

내가 나 된 것은 하나님의 은혜로 된 것이니 내게 주신 그의 은혜가 헛되지 아니하여 내가 모든 사도보다 더 많이 수고하였으나 내가 한 것이 아니요 오직 나와 함께하신 하나님의 은혜로라(고전 15:10).

무엇보다 은혜는 관점을 바꿉니다.

이 은혜와 성도 섬기는 일에 참여함에 대하여 우리에게 간절히 구하니(고후 8:4).

마게도냐 교회들은 바울에게 간절히 구했습니다. 그들이 간청한 내용은 자기들도 이 은혜와 성도 섬기는 일에 참여하게 해 달라는 것이었습니다. 이들이 심히 가난하고 환난도 많다는 것은 그들 자신뿐 아니라 바울도 아는 바였습니다. 그러니 예루살렘 교회를 위하여 이방인 교회들로부터 모금을 하는 이 일에서, 어쩌면 바울은 마게도냐 교회들을 제외시키려고 생각했을지도 모르겠습니다. 아무리 바울이라 하더라도 이토록 가난하고 환난이 많은 교회에 무엇을 기대하고 요구할 수 있었겠습니까? 어쩌면 바울은 일 년 전쯤 모금을 시작했을 때, 다른 이방인 교회들에 하던 말을 마게도냐 교회들에는 하지 않았을지도 모릅니다. 마게도냐 교회들은 바울의 입장을 이해하면서, 한편으로는 다행이라고 여기며 모르는 척하고 넘어갈 수도 있었습니다. 하지만 그들은 가만히 있지 않았습니다. 자신들도 이 일에 참여하게 해달라고 바울에게 간청했습니다.

여기서 바울이 쓴 표현이 매우 흥미롭습니다. 바로 "이 은혜와 성도 섬기는 일에 참여함"이라는 말입니다. 새번역은 고린도후서 8:4을 "그들은 성도들을 구제하는 특권에 동참하게 해달라고, 우리에게 간절히 청하였습니다"라고 번역합니다. 특권! 이것이 헬라어의 정확한 의미를 살린 번역입니다. 마게도냐 교회들은 예루살렘 교회 성도들을 돕기 위해 연보하는 일을 그들의 특권이라고 여겼습니다. 예루살렘 교회를 위한 연보에 참여하는 것을 부담이 아니라 특권으로 여겼던 것입니다. 개역개정을 따른다면, 그들은 이것을 '은혜'라고 여긴 것입니다.

여기에 세상적 관점과 은혜의 관점의 차이가 명확하게 나타납니다. 도움을 받는 사람이 도움을 주는 자에게 은혜를 받았다고 느끼거나 표현하는 것이 세상 이치입니다. 세상은 언제나 주는 쪽을 '갑'이라 칭하고 받는 쪽을 '을'이라 칭합니다. 갑과 을을 나누는 매개는 대개 돈입니다. 이 돈은 때로는 재산으로, 때로는 권력으로 다양하게 작동합니다. 갑과 을로 규정되는 세상의 관계 법칙은 언제나 일방적입니다.

그러나 은혜의 관점은 다릅니다. 베풂을 받는 쪽에서 받는 것을 은혜와 특권으로 여기는 것은 동일하지만, 도움을 주고 베푸는 사람도 자신의 베푸는 행위를 특권이자 은혜로 여깁니다. 이것이 은혜가 변화시킨 관점이고, 은혜 안에서의 관계의 법칙입니다. 마게도냐 교회들은 바울에게 "간절히 구했다"고 합니다. "간절히 구했다"는 말은 본래 배고픈 거지가 구걸하듯이 하는 태도, 아무 권리를 가지지 않은 사람이 뭔가를 부탁하고 간청하는 태도를 가리킵니다. 조금 경박하게 느낄지 모르겠지만 이렇게 실감나게 표현할 수 있을 것 같습니다. "그들은 바울의 바짓가랑이를 붙잡고 매달렸다. 제발 자기들의 헌금도 받아 달라고, 예루살렘 교회를 돕는 이 영광스러운 특권에서 자신들을 제외시키지 말아 달라고 말하면서."

여러분은 이와 비슷한 경험을 해본 적이 있습니까? 생각이라도 해보았습니까? 어떤 작고 미약한 교회가 자신들도 이 선교 사역에 참여하는 특권을 누리게 해달라고 선교사에게 간청했다는 말을 들어 보았습니까? 오늘날 우리가 경험하는 교회와 선교사의 관계는 어떠합니까? 혹시 주는 자와 받는 자 사이를 규정하는 세상적 방식의 관계가 되고 있지는 않습니까? 우리의 방식은 은혜의 역설을 잘 드러내고 반영하고 있습니까? 돈이 우리의 관계를 여전히 갑과 을의 관계로 나누고 있다면, 우리에게 은혜의 효력은 어디에 있단 말입니까?

마게도냐 교회들은 예루살렘 성도들 돕는 일을 자신들에게 두 번 다시 오지 않을 특권이자 은혜의 기회라고 여겼던 것일까요? 아마도 그랬을 것 같습니다. 우리가 가졌든 가지지 않았든, 그 형제를 사랑할 수 있는 기회는 내가 원할 때 주어지는 게 아닙니다. 그런 기회는 지나가는 기회입니다. 마게도냐 교회들은 그 기회를 잡았습니다. 그것을 특권과 은혜로 여겼습니다. 이것은 그들이 하나님의 은혜를 받았다는 분명한 증거였습니다. 세상적 관점은 받는 자가 주는 자에게 간청하고 매달리는 것입니다. 그러나 은혜의 관점은 주는 자가 받는 자에게 간청할 수 있게 합니다.

돈이 아니라 우리 자신이다

바울은 마게도냐 교회들에 대해서 자신 있게 증언합니다.

> 내가 증언하노니 그들이 힘대로 할 뿐 아니라 힘에 지나도록 자원하여(고후 8:3).

마게도냐 교회들은 "힘대로 할 뿐 아니라 힘에 지나도록" 자원하였습니다. 공동번역은 이 구절을 좀 더 와 닿는 말로 이렇게 번역합니다. "그들은 제 푼수대로만 희사한 것이 아니라 그 이상의 희사까지도 했습니다." 그들은 바울의 요구에 못 이겨서 그렇게 한 것이 아니었다는 것이 더욱 분명해지는 말입니다. 마게도냐 교회들은 이 특권에 참여한다고 하면서 그들의 분수에 맞게 최소한의 체면치레 정도만 한 게 아니었습니다. "힘에 지나도록" 그리고 "자원하여" 예루살렘 교회를 위한 연보에 참여하였습니다. 그들이 이 일을 특권과 은혜로 여겼다는 것이 이런 방식으로 증명되는 것입니다. 이것은 은혜가 그들 안에서 한 일입니다. 돈이 많아서 한 일이 아닙니다. 그들은 극심하게 가난했습니다. 그들이 아무리 "힘에 지나도록 자원하여" 드렸다고 할지라도, 그들이 드린 연보의 액수 자체는 고린도 교회 관점에서 보면 크지 않았을지도 모릅니다. 마치 성전 앞 헌금함에 어떤 가난한 과부가 넣은 두 렙돈처럼 말입니다(눅 21:2). 그러나 주님은 이 과부를 이렇게 칭찬하지 않으셨습니까!

내가 참으로 너희에게 말하노니 이 가난한 과부가 다른 모든 사람보다 많이 넣었도다. 저들은 그 풍족한 중에서 헌금을 넣었거니와 이 과부는 그 가난한 중에서 자기가 가지고 있는 생활비 전부를 넣었느니라 하시니라(눅 21:3-4).

주님의 셈법은 다릅니다! 그리고 마게도냐 교회들은 '전부'

가 아니라 '전부 이상'을 드렸습니다.

바울은 이렇게 부연 설명을 합니다.

우리가 바라던 것뿐 아니라 그들이 먼저 자신을 주께 드리고 또
하나님의 뜻을 따라 우리에게 주었도다(고후 8:5).

바울이 바라던 것은 돈이었습니다. 그는 예루살렘 교회를 도
울 수 있는 돈을 모금하고 있었습니다. 그런데 마게도냐 교회들
은 바울이 바라던 돈은 물론이고, 그들 자신을 주께 드리고 또 하
나님의 뜻을 따라 바울에게도 주었습니다! 그들은 돈이 아니라
그들 자신을 준 것입니다.

선교사 데이비드 리빙스턴의 어린 시절에 관한 유명한 일화
가 있습니다. 그 사실성 여부는 확정하기 쉽지 않은 이야기입니
다. 어느 예배 시간에 헌금 바구니가 회중들 가운데로 돌고 있을
때, 갑자기 한 소년이 헌금 바구니 속으로 들어가 앉았다는 이야
기입니다. 아이가 들어가 앉을 만한 헌금 바구니를 상상할 수 없
으니, 헌금을 거두고 나서 헌금 바구니를 놓는 헌금상 위에 앉았
다는 이야기가 더 신빙성이 있는 듯싶습니다. 모든 회중이 주목
하는 가운데 목사가 왜 그렇게 했는지를 묻자, 소년은 이렇게 대
답했다고 합니다. "헌금은 드리고 싶은데 드릴 돈이 없어 몸이라

도 드리려고 올라갔습니다." 바울이 증언하는 바, 마게도냐 교회
들의 태도가 바로 이러하였을 것입니다.

그들은 자신들을 먼저 하나님께 드렸습니다. 그들은 이 연보
의 의미 곧 이것이 단지 자신들의 소유로 어려운 형제와 이웃을 돕
는 차원이 아니라는 것을 알았습니다. 그들은 이 일의 표면적 의미
를 넘어, 이 일이 하나님을 향한 자신들의 헌신이자 살아 있는 신
앙고백이라는 것을 이해했습니다. 우리가 형제와 이웃을 섬기는
일의 본질은 하나님께 우리 자신을 드리는 헌신에 있는 것입니다.

바울이 "그들이 자신을 주께 드리고 또한 우리에게 주었다"
고 말할 때, 이 말은 주님께서 요약하신 율법을 그대로 드러내는
표현입니다. 주님은 이렇게 율법을 요약하여 말씀하셨습니다.

> 네 마음을 다하고 목숨을 다하고 뜻을 다하고 힘을 다하여 주 너
> 의 하나님을 사랑하라 하신 것이요 둘째는 이것이니 네 이웃을
> 네 자신과 같이 사랑하라 하신 것이라. 이보다 더 큰 계명이 없
> 느니라(막 12:30-31).

마게도냐 교회들이 한 일은 표면적으로 예루살렘 교회를 돕
는 연보에 참여한 것입니다. 그들은 헌금을 드렸습니다. 그러나
성경은 그들이 한 일이 하나님과 이웃을 향한 사랑 곧 율법의 완

성이라고 말씀하는 것입니다. 그들은 돈으로 율법을 순종하고 성취했습니다. 여러분이 가진 돈도 율법을 순종하고 성취하는 도구로 쓰이고 있습니까? 마게도냐 교회들이 보여준 것은 단순히 헌금이 아니라 헌신이었습니다.

돈이 아니라 은혜다

마게도냐 교회들의 이야기를 정리하겠습니다. 우리가 살펴보는 고린도후서 8-9장의 문맥은 예루살렘 교회를 돕기 위해서 이방인 교회들이 헌금을 드리는 일입니다. 이것을 우리가 살아가는 데 필요한 돈, 그리고 우리가 하나님께 드리는 헌금에 적용해 보겠습니다.

우리가 삶 가운데 행하는 일들은 거의 대부분 돈을 필요로 하는 일들입니다. 교회에서 하는 일들도 크게 다르지 않습니다. 많은 일들이 돈과 연결되어 있고 돈을 필요로 합니다. 특히 교회가 교회의 일을 감당하기 위해서 어떤 특정한 일을 계획하고 목표했을 때 돈이 필요하고, 이 돈은 교인들의 헌금으로 채워져야 합니다. 이런 상황에서 성도들의 마음은 요동하기도 합니다. 성도들의 경제적 형편은 저마다 다릅니다. 극심한 가난 속에 있는 사람이 있는가 하면, 돈 걱정 없이 여유로운 삶을 사는 사람도 있을 것입니다. 하지만 돈 문제는 모두에게 부담스러운 일입니다. 심하게는 교회가 어떤 사역을 두고 모금을 할 때 시험에 드는 일은 비일비재하게 일어납니다.

여러분은 마게도냐 교회들의 이야기에서 무엇을 보았습니까? 왜 가난한 그들은 바울이 자신들을 모금 활동에서 제외시켜 주는 것 같았을 때, 그것을 고맙게 여기고 받아들이지 않았습니까? 왜 그들은 지나치다 싶을 만큼 바울에게 자신들도 이 일에 참여하겠다고 간청했습니까? 어떻게 그들은 돈뿐 아니라 자신을 준다고 느낄 만큼 큰 헌신을 표출할 수 있었습니까?

교회가 돈이 없어서 감당해야 할 일을 감당하지 못하는 일은 없습니다. 저는 인도네시아 남부 수마트라에서 선교 사역을 하던 당시, 반드시 해야 할 일이라면 하나님께서 어떤 방식으로든지 재정을 채워 주셔서 그 일을 하게 하시는 것을 경험했습니다. 반드시 해야 할 일이 아니라면, 하나님께서는 재정을 허락하지 않으심으로써 알게 하십니다. 정말 교회가 자신의 사명을 감당하지 못하는 것은 돈이 없을 때가 아니라 은혜가 없을 때입니다. 은혜가 떨어지면 기대할 수 있는 게 없습니다. 아무리 교회에 돈이 많아도, 인적 자원이 차고 넘쳐도, 은혜가 없다면, 은혜가 떨어진다면, 교회는 제 역할, 제 사명을 감당하지 못합니다. 중요한 것은 돈이 아니라 은혜입니다.

1. "목사가 돈 이야기를 하면 은혜가 안 된다"는 말은 어떤 경우에 맞고 어떤 경우에 틀립니까? 저자는 돈에 대해서 말하고 가르치지 않고는 신앙을 제대로 가르칠 수 없다고 말합니다. 그 이유를 자신의 말로 설명해 봅시다(125-127쪽).

2. 저자는 세상적 관점과 은혜의 관점은 주는 자와 받는 자 사이의 관계를 어떻게 다르게 만들 수 있다고 말합니까? 여기에 적용된 은혜의 관점을 자신의 말로 설명해 봅시다(137-138쪽).

3. 모든 헌금은 그것이 선교 헌금이든 건축 헌금이든 그 무엇이든, "하나님을 향한 자신들의 헌신이고 살아 있는 신앙고백"이라는 저자의 말(142쪽)에 동의합니까? 그런 마음으로 헌금을 드려야 하는 성경의 원리가 왜 중요합니까?

4. 헌금은 어떤 점에서 하나님 사랑과 이웃 사랑을 순종하여 실천하는 율법의 완성이라고 말할 수 있습니까?(142-143쪽)

5. 오늘날에도 교회가 필요로 하는 것은 돈이 아니라 은혜라는 말을 여러분은 어떻게 설명할 수 있습니까?(143-144쪽)

6장   은혜에도 풍성한 교회

⁶그러므로 우리가 디도를 권하여 그가 이미 너희 가운데서 시작하였은즉 이 은혜를 그대로 성취하게 하라 하였노라. ⁷오직 너희는 믿음과 말과 지식과 모든 간절함과 우리를 사랑하는 이 모든 일에 풍성한 것같이 이 은혜에도 풍성하게 할지니라. ⁸내가 명령으로 하는 말이 아니요 오직 다른 이들의 간절함을 가지고 너희의 사랑의 진실함을 증명하고자 함이로라. ⁹우리 주 예수 그리스도의 은혜를 너희가 알거니와 부요하신 이로서 너희를 위하여 가난하게 되심은 그의 가난함으로 말미암아 너희를 부요하게 하려 하심이라. ¹⁰이 일에 관하여 나의 뜻을 알리노니 이 일은 너희에게 유익함이라. 너희가 일 년 전에 행하기를 먼저 시작할 뿐 아니라 원하기도 하였은즉 ¹¹이제는 하던 일을 성취할지니 마음에 원하던 것과 같이 완성하되 있는 대로 하라. ¹²할 마음만 있으면 있는 대로 받으실 터이요 없는 것은 받지 아니하시리라. ¹³이는 다른 사람들은 평안하게 하고 너희는 곤고하게 하려는 것이 아니요 균등하게 하려 함이니 ¹⁴이제 너희의 넉넉한 것으로 그들의 부족한 것을 보충함은 후에 그들의 넉넉한 것으로 너희의 부족한 것을 보충하여 균등하게 하려 함이라. ¹⁵기록된 것같이 많이 거둔 자도 남지 아니하였고 적게 거둔 자도 모자라지 아니하였느니라.

✦ 고후 8:6-15

하나님께서 마게도냐 교회들에 주신 은혜는 바울이 고린도 교인들을 도전하고 격려하며 일 년 전에 부탁한 예루살렘 교회를 위한 모금에 대한 동기를 부여하는 첫 번째 사례였습니다. 이제 그는 두 번째로 우리 주 예수 그리스도의 사례를 소개합니다.

예수 그리스도의 은혜

바울은 다음과 같이 예수 그리스도의 사례를 소개합니다.

우리 주 예수 그리스도의 은혜를 너희가 알거니와 부요하신 이로서 너희를 위하여 가난하게 되심은 그의 가난함으로 말미암아 너희를 부요하게 하려 하심이라(고후 8:9).

　"주 예수 그리스도의 은혜"라는 말을 주목하십시오. 마게도냐 교회들의 사례를 통해 그들에게 주신 하나님의 은혜를 강조했듯이, 바울은 이제 "주 예수 그리스도의 은혜"를 강조합니다.

　바울이 말하는 예수 그리스도의 모범은 성자 하나님으로 하늘 영광의 보좌를 버리고 이 땅에 사람으로 오신 성육신입니다. 그리스도의 성육신은 "부요하신 이로서 가난하게 되신" 일이었습니다. 그리스도의 성육신은 영원히 죽어 지옥 형벌을 받아야 할 절망적 존재인 우리를 살리고, 새 생명을 주어 하나님의 자녀와 그리스도의 신부로 영원한 영광을 누리게 하려고 육신을 입고 이 땅에 오신 일입니다. 이 영적 사건을 바울은 '부요함과 가난함'이라는 다소 물질적인 개념으로 표현하고 있습니다. 그렇게 표현하는 이유는 지금 진행하고 있는 모금에 대한 사람들의 선입견 때문입니다. 사람들은 모금을 영적인 일이 아닌 물질적인 일로 생각하는 경향이 있습니다. 그래서 선교사가 사역을 위해서 모금하는 일이나 교회가 어떤 특정한 일을 위해서 모금하는 일에 대해서 영적이지 않다고 쉽게 판단합니다. 하지만 바울은 이런 식의 단순한 사고를 승인하지 않습니다. 바울은 지금 자신이 하려는 모금이 영적인 일이라고 말하려는 듯합니다. 바울이 어떤 방식으로 이것을 주장하고 있습니까?

　예수님께서 부요하신 이로서 가난하게 되심은 전적으로 우리를 위하여 그렇게 하신 것입니다. 예수님께서 하늘 보좌를 버리고 이 땅에 오심으로써, 영원한 벌을 받을 우리는 하늘 보좌에 올라갈 특권을 얻게 되었습니다. 주님의 은혜는 죄인들의 필요를 채우기 위해 자신의 권리를 기꺼이 포기하시는 사랑으로 나타났습니다. 여러분은 이 은혜를 받은 사람입니까? 우리가 얻은 구원이 예수님께서 이렇게 무한히 가난하고 낮아지심으로 우리에게 주어진 부요함이라는 사실을 여러분은 아십니까? 이것이 지금 바울이 고린도 교인들에게 묻고 있는 질문입니다.

만일 너희가 우리 주 예수 그리스도의 은혜를 헛되이 받은 것이 아니라면, 이제 예루살렘 교회의 가난한 형제들을 위해서 너희가 가진 물질을 기쁨과 자원하는 마음으로 내놓음으로써, 즉 부요한 너희가 가난해짐으로써 가난한 예루살렘 교회의 형제들로 하여금 부요하게 하라는 것입니다.

명령이 아닌 은혜

우리가 주목해야 하는 특이한 점은 바울이 '돈'이나 '모금'이라는 말 대신 '은혜'라는 단어를 의도적으로 사용하고 있다는 점입니다.

그러므로 우리가 디도를 권하여 그가 이미 너희 가운데서 시작하였은즉 이 은혜를 그대로 성취하게 하라 하였노라(고후 8:6).

바울은 일 년 전에 부탁한 모금을 성취하라고 말하지 않고 "이 은혜를 성취하게 하라"고 말합니다. 이것은 물론 '돈'이나 '모금'이라는 직접적인 단어 사용을 주저하면서 에둘러 표현하는 완곡어법이라고 설명할 수도 있습니다. 그러나 중요한 것은 바울이 이 '모금 행위를 어떤 시각과 관점으로 바라보는가' 하는 것입니다. 그는 이 모금을 '은혜'로 이해하고 있습니다. 모금, 헌금, 연보와 같은 용어는 모두 돈과 관련된 단어들입니다. 바울은 이것들 전부를 은혜라는 관점으로 바라봅니다. 그리스도인이 돈을 은혜의 관점에서 이해하지 않는다면, 그 돈은 결국 그를 무너뜨리고야 말 것입니다. 만일 교회 안에서 돈을 보는 시각에서 은혜를 제거하거나 은혜가 빠지면, 거기에는 돈의 독소가 작용하여 교회를 허물게 됩니다. 돈에서 은혜를 제거하는 것은 사탄에게 틈을 내어 주는 일입니다. 이것은 모든 헌금에서도 마찬가지입니다.

바울이 모금을 은혜라고 보는 것은 한편으로 너무나 당연한 일입니다. 이미 마게도냐 교회들의 사례에서 보았고, 우리 주 예수 그리스도의 은혜도 동일한데, 형제를 위하여 베풀고 주는 일, 모금하는 일은 그 자체가 은혜의 일이고, 은혜를 받은 성도와 교회의 정상적이고 자연스러운 반응입니다. 그것은 돈이 아니라 은

6장   은혜에도 풍성한 교회

혜를 흘려보내는 일입니다. 고린도 교회에서 예루살렘 교회로 가는 것은 단순히 돈이 아니라, 하나님께서 고린도 교회에 주신 은혜입니다. 은혜가 흘러가는 것입니다. 은혜가 흘러가야 그 돈이 의미가 있고 거룩한 돈이 되며 은혜의 수단이 됩니다. 이 점을 이해한다면, 바울이 왜 그렇게 '억지로 하는 헌금'에 대하여 경고하는지 충분히 이해할 수 있을 것입니다. 억지로 하는 것은 돈의 액수와 상관없이 하나님을 기쁘시게 하지 않으며 당사자들에게도 유익이 없습니다.

모금을 하는 바울의 관심사는 얼마나 많은 돈을 모금할 것인지가 아니었습니다.

오직 너희는 믿음과 말과 지식과 모든 간절함과 우리를 사랑하는 이 모든 일에 풍성한 것같이 이 은혜에도 풍성하게 할지니라(고후 8:7).

고린도 교회는 은사가 풍성한 교회였습니다. 그 은사를 바울은 "믿음과 말과 지식과 모든 간절함과 우리를 사랑하는 이 모든 일에 풍성한 것"이라고 표현합니다. 하지만 은사가 풍성하다고 해서 은혜에도 풍성한 것은 아닙니다. 그래서 바울은 이와 같이 "은혜에도 풍성하게" 하기를 바란다고 말합니다. 오해하지 마

153

십시오. 이것은 그들에게 할당된 높은 모금액을 채우라는 말이 아닙니다. 마게도냐 교회들이 극심한 가난 속에서 풍성한 연보를 넘치게 하였듯이, 고린도 교회도 은혜의 흘러넘치는 풍성함을 보이라는 말입니다. 즉 바울은 이 풍성함이야말로 정말로 은혜를 받은 증거라고 말하는 것입니다.

은혜는 강요될 수 있는 것이 아닙니다. 오늘날 우리는 교회에서 헌금을 강요하는 일이 공공연하게 일어나는 경우들을 직간접적으로 경험하고 있습니다. 이것은 결코 성경적이지 않고, 지극히 인간적이며, 결국 성도들의 신앙과 교회를 무너뜨리는 잘못된 관행입니다. 이런 부정적 경험은 돈이나 헌금을 다루는 설교를 불편하게 여기는 잘못된 정서를 형성하게 되었습니다. 따라서 오늘날 돈과 헌금에 대한 성경적 이해를 바르게 가지는 것은 더더욱 중요한 일이 되었습니다.

우리가 주목해야 할 바울의 태도는 여기에 잘 나타납니다.

내가 명령으로 하는 말이 아니요 오직 다른 이들의 간절함을 가지고 너희의 사랑의 진실함을 증명하고자 함이로라(고후 8:8).

바울이 이 말을 하는 이유를 알겠습니까? 물론 그는 명령할 수 있었습니다. 바울은 그런 권위를 가진 사도였습니다. 하지만 그가 명령을 해서 고린도 교인들이 연보를 하게 된다면, 과연 이 연보에 대해서 예루살렘 성도들을 향한 고린도 교인들의 '사랑의 진실함'에서 나온 것이라고 말할 수 있겠습니까? "목표액을 어떻게든 채우십시오. 이것은 여러분의 의무입니다. 나는 여러분에게 이것을 명령합니다"라고 말하지 않는 것은 모금이 은혜가 되어야 하기 때문입니다. 은혜는 강요하는 게 아닙니다. 바울은 고린도 교인들의 사랑의 진실함과 자원하는 마음과 간절한 마음이 이 모금을 통해 드러나기를 바랍니다. 헌금이 헌금다워지고 은혜로운 것이 되려면 강요하거나 명령해서는 안 됩니다.

이제 바울은 모금을 완수할 것을 직접적으로 부탁합니다.

> 이제는 하던 일을 성취할지니 마음에 원하던 것과 같이 완성하되 있는 대로 하라(고후 8:11).

바로 앞에서 명령이 아니라고 말했던 바울은 지금 명령하고 있는 것이 아닙니까? "성취하라" 그리고 "완성하되 있는 대로 하라"는 말은 사실 부인할 수 없는 명령입니다.

하지만 여전히 우리가 주목할 것은, 마게도냐 교회들의 사례를 말했고, 주 예수 그리스도의 모범을 이야기한 바울이 "힘에 지나도록 하라"거나 "너희 부요함이 가난함에 이르기까지 헌금

하라"고 말하지 않고 "있는 대로 하라"고 말한다는 점입니다. 형식은 명령문이지만 내용은 자원함에 맡기는 방식으로 말하고 있다는 점이 중요합니다. 어찌 되었든 바울이 지금 극도로 조심하는 것은, 이 일이 은혜 없는 모금이 아니라 자원함으로 드리는 은혜로운 모금이 되어야 한다는 점입니다.

이 점에서 우리는 십일조나 우리가 드리는 헌금을 생각해 볼 수 있습니다. 여전히 십일조가 신약 성도들에게도 구속력을 가지는 율법의 명령이라고 주장하는 입장이 있지만, 모든 율법의 명령에 대해서 믿음 없는 순종이 하나님을 기쁘시게 할 수 없고 무의미한 행위가 된다는 원리는 십일조에도 동일하게 적용되어야 합니다. 4장에서 다루었듯이 십일조는 신약 성도들에게 구약 성도들과 동일하게 율법적 구속력을 가지는 명령은 아니지만, 분명히 구약 율법으로서 하나님의 기쁘신 뜻을 드러내는 것임에는 분명합니다(존 칼빈은 이것을 '율법의 제3용법'이라고 표현했습니다). 이 점에서 바울이 십일조를 언급했다고 가정한다면 (그는 십일조를 단 한 번도 언급하지 않았습니다!), 명령의 형식보다는 "주 예수 그리스도의 은혜를 받은 사람으로서 그 은혜를 성취하는 방식으로 자원함으로 풍성히 하라"고 권면했을 것입니다. 이것이 바울 사도가 헌금과 관련해서 권면하는 모든 말씀의 근저에 흐르는 정신이기 때문입니다. 억지로 드리는 십일조에는 은혜가 있을 수 없습니다. 우리는 우리가 드리는 모든 헌금에 이 원리를 적용할 수 있고 해야 합니다. 여러분이 드리는 헌금은 하나님께서 여러분에게 주신 은혜의 풍성함을 넉넉히 드러내고 있습니까?

양보다 질, 물질보다 마음

바울은 이런 방식으로 예루살렘 교회를 위한 모금을 고린도 교회가 완수해 주기를 바랍니다. 바울이 이 모금에서 중요하게 여기는 점이 한 가지 더 있습니다.

> 이 일에 관하여 나의 뜻을 알리노니 이 일은 너희에게 유익함이라. 너희가 일 년 전에 행하기를 먼저 시작할 뿐 아니라 원하기도 하였은즉 이제는 하던 일을 성취할지니 마음에 원하던 것과 같이 완성하되 있는 대로 하라. 할 마음만 있으면 있는 대로 받으실 터이요 없는 것은 받지 아니하시리라(고후 8:10-12).

"이 일에 관하여 나의 뜻을 알리노니 이 일은 너희에게 유익함이라. 너희가 일 년 전에 행하기를 먼저 시작할 뿐 아니라 원하기도 하였은즉"이라고 했듯이, 바울의 뜻은 명백하게 모금이라고 말할 수 있습니다. 그런데 여기서 바울은 이 모금이 고린도 교인들에게 유익하다고 말합니다. 이렇게 베푸는 사람이 유익을 얻을 수 있는 조건은 그들에게 자원하는 마음이 있을 때입니다. 억지로 거액의 헌금을 드린 사람이 있다고 생각해 보십시오. 그것이 그 드린 사람의 영혼에 유익할 수 있을까요? 억지로 헌금을 드리고 난 뒤에 헌금을 드린 사람이 은혜를 받을 수 있을까요? 마게도냐 교회들처럼 드림을 은혜와 특권으로 여길 수 있을까요? 결코 그럴 수 없을 것입니다. 은혜 없이 드리는 헌금은 언제나 계산하게 하고 유익하게 하지 않습니다.

11-12절에서도 우리는 바울의 같은 강조를 보게 됩니다. 바울은 "마음에 원하던 것", "할 마음만 있으면"과 같은 표현을 사용하고 있습니다. 다시 말하지만, 바울의 관심은 모금액을 채우는 것이 아닙니다. 바울의 관심은 이 연보를 드리는 고린도 교인들의 자원하는 마음에 있습니다. '얼마나 드릴 것인가' 하는 양(量)을 결정하는 것은 은혜를 받아서 변화된 마음의 질(質)입니다. 은혜가 양을 지배합니다. 중요한 것은 드린 돈의 양이 아니라 은혜를 받은 마음의 질이며, 물질보다 마음입니다. 12절을 새번역은 이렇게 번역합니다. "기쁜 마음으로 각자의 형편에 맞게 바치면, 하나님께서는 그것을 기쁘게 받으실 것입니다. 하나님께서는 없는 것까지 바치는 것을 바라지 않으십니다."

균등하게 하는 은혜

바울은 다시 한번, 예수님께서 부요하신 이로서 우리를 위하여
가난하게 되심으로써 가난한 우리를 부요하게 하신 일을 적용적
관점으로 권면합니다.

> 이는 다른 사람들은 평안하게 하고 너희는 곤고하게 하려는 것이
> 아니요 균등하게 하려 함이니 이제 너희의 넉넉한 것으로 그들의
> 부족한 것을 보충함은 후에 그들의 넉넉한 것으로 너희의 부족한
> 것을 보충하여 균등하게 하려 함이라(고후 8:13-14).

여기서 바울은 온 교회, 보편 교회를 향한 넓은 마음을 표현
합니다. 지금 바울은 고린도 교인들 안에서 서로를 돕는 일을 하
라고 말하는 것이 아니라, 이방인인 고린도 교인들이 한 번도 대
면하여 보지 못한 예루살렘 교회의 유대인 성도들을 도우라고
말하는 것입니다. 그들 사이에 동질적 요소라고는 예수 그리스도
를 믿는 신앙밖에 없습니다. 이 동질 요소는 그들이 가진 모든 이
질적 요소를 넘어 그들을 하나로 만들어 줍니다. 그들은 주 안에
서 한 형제입니다. 여기에 우리와 너희의 차이는 없습니다. 그리
스도 안에 있는 우리만 있을 뿐입니다. 이것은 얼마나 놀라운 은

혜를 보여주는 말입니까?

단기선교로 선교지를 방문해 본 경험이 있는 사람들은 잘 알 것입니다. 거기서 만났던 그리스도 안에서의 형제들을 생각해 보십시오. 그곳에서 그들이 어려운 형편에 처해 있는 것을 보았다면, 어떻게 우리는 그것은 내 일이 아니라고 말할 수 있겠습니까? 비록 처음 본 사람들이지만, 그들을 주 안에서 형제로 느끼지 않겠습니까? 하지만 은혜는 느끼는 것 이상입니다. 은혜는 돈으로 표현될 수 있고, 또 그렇게 될 때 은혜가 은혜답게 됩니다. 은혜는 감정이나 말에만 있는 것이 아니며, 그 진정성이 돈으로 표현되기 때문입니다.

바울의 모금 의도는 고린도 교인들에게서 돈을 거두어 예루살렘 교인들에게 가져다줌으로써 그들을 평안하게 하고 고린도 교인들을 곤고하거나 곤란하게 하려는 것이 아닙니다. 부모의 심정으로 바울의 마음을 이해해 보십시오. 부모에게 두 자녀가 있는데, 하나는 부유하고 다른 하나는 심히 가난하다면 그 부모의 심정이 어떻겠습니까? 그러한 마음으로 고린도후서 8:13-14을 다시 한번 읽어 보십시오.

바울은 하나님 아버지의 마음으로 이 말을 하고 있습니다. 지금 고린도 교회의 헌금으로 예루살렘 교회를 도우려고 하지만, 언젠가 그 반대의 경우도 일어날 수 있다는 것입니다. 중요한

것은 주 안의 형제들이 서로 사랑하는 것입니다. 이것이 아버지
이신 하나님의 마음입니다.

　이런 점에서 일방통행은 없습니다. 만일 돈과 물질만 생각한
다면 이것은 일방통행일 수 있습니다. 그러나 바울은 지금 고린
도 교회가 돈을 예루살렘 교회에 보내지만, 예루살렘 교회는 기
도로 고린도 교회를 축복할 수 있다고 생각합니다. 사실, 고린도
교회가 예루살렘 교회를 위해서 돈을 보내 주기 전에 그들은 예
루살렘 교회로부터 복음의 빚을 진 사람들이었습니다. 일방통행
은 없습니다. 우리가 누구를 돕든지, 자신은 그저 주기만 한다고
생각하는 것은 좋은 태도가 아닙니다. 그리고 이런 생각은 우리
자신에게도 유익하지 않습니다.

　바울은 로마서에서 이방인 교회인 로마 교회와 예루살렘 교
회의 쌍방통행적 관계를 이렇게 표현했습니다.

　　저희가 기뻐서 하였거니와 또한 저희는 그들에게 빚진 자니 만일
　　이방인들이 그들의 영적인 것을 나눠 가졌으면 육적인 것으로 그
　　들을 섬기는 것이 마땅하니라(롬 15:27).

　이것은 비단 이방인 교회와 예루살렘 교회의 관계에 국한되
지 않습니다. 목사와 교인, 교회와 선교사, 선교사와 선교지 사람

들과의 관계 모두에 적용될 수 있습니다. 이 관계의 원리에는 세상적 관계에서 형성되는 갑과 을이 존재하지 않습니다. 모두가 은혜를 누리는 자들이며 특권을 행사하는 자들입니다. 그리고 이 관계에서는 하나님께서 갚아 주시는 은혜를 풍성하게 경험하게 됩니다. 모든 상황에서 성도들은 이 쌍방통행적 관계에서 생각하는 것이 유익하고 성경적입니다.

하나님 아버지의 은혜로운 마음

바울은 하나님 아버지의 마음을 그대로 반영하면서 말하고 있습니다. 바로 그 하나님의 은혜로운 마음을 이렇게 표현합니다.

> 기록된 것같이 많이 거둔 자도 남지 아니하였고 적게 거둔 자도 모자라지 아니하였느니라(고후 8:15).

여기서 바울은 출애굽기 말씀을 인용함으로써 하나님께서 광야의 이스라엘 백성에게 만나를 주셨을 때의 경험으로 고린도 교인들을 인도하고 있습니다. 하나님께서 광야의 이스라엘 백성에게 하늘로부터 만나를 내려 주셨을 때 이렇게 말씀하셨습니다.

너희 각 사람은 먹을 만큼만 이것을 거둘지니 곧 너희 사람 수효
대로 한 사람에 한 오멜씩 거두되 각 사람이 그의 장막에 있는
자들을 위하여 거둘지니라(출 16:16).

하나님은 탐욕을 허락하지 않으셨을 뿐 아니라, 탐욕을 소용
없게 만드는 방식으로 만나를 주셨습니다. 이것은 하나님께서 이
스라엘 백성에게 주시는 은혜의 특징이었습니다. 이스라엘 백성
은 매일 아침 만나를 거두러 나갔습니다. 많이 거둔 자도 있고 적
게 거둔 자도 있었지만, 하나님께서는 많이 거둔 자도 남지 않게
하셨고 적게 거둔 자도 충분하게 하셨습니다. 어떻게 이렇게 되
었는지는 정확히 알 수 없습니다. 매일 나가서 거두기 귀찮으니
까 오늘 이틀 분량을 거두고 내일은 그냥 놀고먹어야겠다고 생
각한 사람이 많이 거두었다면, 놀랍게도 다음 날 아침에는 남은
음식에 벌레가 생기고 냄새가 나서 먹을 수 없게 되고 말았습니
다. 만나는 욕심으로 축적하는 것이 불가능한 음식이었습니다.
어떤 방식으로 되었든지, 모두에게 균등하고 충분하고 모자람이
없었다는 것에는 분명히 신비한 요소가 있습니다. 바울은 지금
만나의 이런 요소를 상기시키고 있습니다.

하나님께서 만나를 자기 백성 모두에게 균등하게 주셨듯이,
지금도 그런 하나님 아버지의 마음을 따라 그들의 부요함으로

예루살렘 형제들의 가난함을 도와 균등함을 이루라는 것입니다. 만나를 거두러 나간 백성이 탐욕을 버리고 믿음으로 거두어야 했던 것처럼, 그 동일한 믿음으로 예루살렘 교회를 위한 연보를 감당하라고 요구하는 것입니다. 주 예수 그리스도의 은혜를 받은 그리스도인이라면, 내가 모아 놓은 돈으로 남은 인생을 잘 먹고 잘 살아야겠다고 생각하는 것은 합당한 생각이 아닙니다. 존 파이퍼가 말했듯이, 내가 지혜롭게 마련해 둔 '나의' 은퇴 연금으로 플로리다 해변에서 조개껍질이나 주우면서 보내는 은퇴 후의 노년이 잘 사는 인생일 수는 없는 것입니다.[1]

> 흩어 구제하여도 더욱 부하게 되는 일이 있나니 과도히 아껴도 가난하게 될 뿐이니라(잠 11:24).

돈을 아끼는 것은 결국 자기를 위해서만 쓰겠다는 이기적인 생각입니다. 잠언의 이 말씀은 그렇게 아끼는 것으로 자신의 이기적 욕망을 충족시킬 수 없음을 경고합니다. 왜냐하면 주권은 하나님께 있기 때문입니다.

'여호와 이레'는 공급하시고 준비하시는 하나님을 부르는 성호입니다(창 22:14). 이것은 신자들 편에서 보면 신앙고백적 성호이고, 하나님 편에서 보면 약속의 성호입니다. 하나님께서

오늘 내게 은혜를 베푸셨듯이, 내일도 내게 은혜를 베푸실 것을
기대하는 신앙으로 사는 것이 여호와 이레의 하나님을 신뢰하는
삶입니다. 이런 믿음이 아니면, 우리는 자신이 가진 돈으로 아무
도 섬길 수 없을 것입니다. 하나님의 은혜는 어제만 필요한 것이
아닙니다. 우리는 오늘과 내일, 우리 평생의 모든 날에 하나님의
은혜를 필요로 합니다. 그리고 하나님의 은혜는 언제나 충분하고
과분하며 흘러넘칩니다. 이런 믿음이 아니면, 우리는 돈을 사랑하
는 삶을 살아갈 뿐, 형제를 사랑하는 삶으로 나아갈 수 없습니다.

돈을 은혜로 여기라

우리는 믿음과 탐욕 사이 어디에선가 서 있을 것입니다. 하나님
외에 다른 신이 없다는 것은 믿음의 편에 서서 살아가는 사람의
신앙고백입니다(출 20:3). 그 반대편에는 우상숭배가 있습니다.
하나님께서는 십계명의 제2계명으로 우상을 만들지도 섬기지도
말라고 명령하셨습니다(출 20:4-6). 무엇이 우상숭배입니까? 바
울의 말씀을 통해 우상숭배의 본질을 살펴볼 수 있습니다.

> 너희도 정녕 이것을 알거니와 음행하는 자나 더러운 자나 탐하는
> 자 곧 우상숭배자는 다 그리스도와 하나님의 나라에서 기업을 얻

지 못하리니(엡 5:5).

> 그러므로 땅에 있는 지체를 죽이라. 곧 음란과 부정과 사욕과 악한 정욕과 탐심이니 탐심은 우상숭배니라(골 3:5).

바울은 "탐하는 자는 곧 우상숭배자"라고 말합니다. 또한 "탐심은 곧 우상숭배"라고 단호하게 선언합니다. 여기에는 의문의 여지가 없습니다. 믿음과 우상숭배는 양립할 수 없습니다. 하나님과 재물을 겸하여 섬길 수 없듯이, 하나님도 섬기고 우상도 섬길 수 있는 길은 없습니다.

하나님의 말씀이 이토록 엄중하고 분명함에도 불구하고, 오늘날 많은 교회 강단에서 믿음과 우상숭배가 함께 갈 수 있다는 듯 하나님의 말씀을 왜곡하는 설교들이 전해지고 있는 것은 매우 슬픈 현실입니다. '예수 믿고 잘살아 보자'는 번영신학, 기복신앙은 결국 믿음과 탐욕을 섞고, 믿음과 우상숭배를 섞는 배교적 태도일 수밖에 없습니다. 그리고 그런 배교적 메시지를 전하는 교회들이 하나님 외에 다른 신인 재물을 섬기는 일은 조금도 이상한 일이 아닙니다. 탐욕을 가지고 하나님을 믿고 섬길 수 있는 길은 없습니다. 믿음과 물질 사랑이라는 탐욕 사이에서 여러분과 여러분의 교회는 어디에 서 있습니까?

탐욕을 가지고는 은혜를 받을 수 없습니다. 오늘날 예배당 안에 들어와 있는 수많은 사람들이 은혜를 받지 못하는 중요한 이유는 탐욕 때문입니다. 지금 여러분이 탐욕에 붙잡혀 있다면, 자비하신 하나님께 죄를 자백하고 가슴을 찢으며 나아가십시오. 성경이 가르치는 복되고 즐겁고 평안한 삶은 탐욕을 채우기 위해 끌어모으고 자기를 위해서 사는 삶이 아니라, 하나님께서 채워 주시는 은혜 속에서, 주시는 대로 그것을 은혜로 여기며 그 은혜로 사람들을 섬기고 사랑하는 삶입니다. 최고로 행복한 삶은 많거나 적거나 내 소유의 돈을 하나님께서 주신 은혜로 여기고 살아가는 것입니다.

최영 장군이 말했다고 전해지는 "황금 보기를 돌같이 하라"는 옛말이 있습니다. 이것은 쉽지 않은 일입니다. 아니, 거의 불가능한 일입니다. 우리는 신앙의 영역을 넘어, 돈을 돈으로 보고 성공하고 높아진 사람들이 결국 그 돈 때문에 망하는 것을 많이 보면서 살아갑니다. 세상 사람들이 하는 말이 "황금 보기를 돌같이 하라"는 것이라면, 성경은 이렇게 말씀합니다. "돈을 은혜로 여기라! 황금을 은혜로 여기라!" 은혜를 받은 사람은 존 웨슬리의 말처럼 주머니가 회개한 사람입니다. 이 말은 돈을 보는 관점이 변했다는 말입니다. 은혜를 받은 사람은 돈을 은혜로 여기기 시작합니다. 이렇게 될 때, 그의 영혼은 유익을 얻고 그의 재물은 넘어지게 하는 도구가 아니라 은혜의 통로, 은혜의 매개체가 됩니다. 돈은 은혜의 수단이 되어 많은 사람들을 이롭게 하고 하나님을 영화롭게 하는 도구가 됩니다. 그러나 돈을 황금같이 여긴다면, 그의 영혼은 은혜의 자리에서 떨어지게 될 것이고, 영혼의 유익을 누리지 못할 것입니다. 여러분이 가진 모든 것이 하나님께서 여러분에게 주신 은혜라는 사실을 아십니까? 여러분이 가진 것이 너무나 적고 심지어 가진 것이라고는 빚밖에 없다고 할지라도, 이 또한 하나님의 은혜이며 하나님께서 내게 주시는 최상의 은혜라는 사실을 아십니까? 있든지 없든지, 많든지 적든지, 여러분의 소유와 물질이 하나님의 은혜를 가로막는 걸림돌이 되지 않게 해야 합니다. 주님께서 우리에게 주신 은혜의 풍성함과 탁월함을 나타내는 성도와 교회가 이 땅에 많아지기를 소망합니다.

1. 강요된 헌금, 자원함이 아닌 억지로 하는 헌금은 왜 참된 헌금이 될 수 없습니까? 또 이러한 헌금은 어떻게 헌금을 드리는 사람의 신앙을 허물고 무너뜨립니까?(154쪽)

2. 우리가 하나님께 헌금을 드림으로 교회 전임사역자의 필요를 채우거나 선교사의 사역을 후원하게 될 때, 이 드림이 일방통행적 드림이 아니라 쌍방통행적 관계를 이룬다면 모두에게 유익하고 하나님을 기쁘시게 할 것이라고 저자는 말합니다(161-162쪽). 여러분은 이 말에 동의합니까? 자신의 경험에 비추어 이것을 설명해 봅시다.

3. 탐욕 또는 돈에 대한 사랑은 우리로 하여금 은혜를 받지 못하게 하고, 그 결과 우리가 드리는 모든 헌금이 우리에게 유익하지 않을뿐더러 우리를 넘어뜨리게 된다고 저자는 말합니다. 번영신학과 기복신앙은 어떤 점에서 우리의 신앙과 헌금 생활을 무너뜨리는 부정적 결과를 가져오게 합니까?(166쪽)

7장   돈이 은혜가 되기 위하여

¹⁶너희를 위하여 같은 간절함을 디도의 마음에도 주시는 하나님께 감사하노니 ¹⁷그가 권함을 받고 더욱 간절함으로 자원하여 너희에게 나아갔고 ¹⁸또 그와 함께 그 형제를 보내었으니 이 사람은 복음으로써 모든 교회에서 칭찬을 받는 자요 ¹⁹이뿐 아니라 그는 동일한 주의 영광과 우리의 원을 나타내기 위하여 여러 교회의 택함을 받아 우리가 맡은 은혜의 일로 우리와 동행하는 자라. ²⁰이것을 조심함은 우리가 맡은 이 거액의 연보에 대하여 아무도 우리를 비방하지 못하게 하려 함이니 ²¹이는 우리가 주 앞에서뿐 아니라 사람 앞에서도 선한 일에 조심하려 함이라. ²²또 그들과 함께 우리의 한 형제를 보내었노니 우리는 그가 여러 가지 일에 간절한 것을 여러 번 확인하였거니와 이제 그가 너희를 크게 믿으므로 더욱 간절하니라. ²³디도로 말하면 나의 동료요 너희를 위한 나의 동역자요 우리 형제들로 말하면 여러 교회의 사자들이요 그리스도의 영광이니라. ²⁴그러므로 너희는 여러 교회 앞에서 너희의 사랑과 너희에 대한 우리 자랑의 증거를 그들에게 보이라.

✦ 고후 8:16-24

예루살렘 교회를 위한 연보를 잘 마무리하라고 고린도 교회에 부탁하던 바울은 이 모금과 관련하여 보다 구체적인 이야기를 시작합니다. 이것은 바울의 사도성과 진정성에 의심을 품었던 고린도 교회를 어느 정도 의식하였기 때문에 꺼낸 이야기로 보입니다. 바울이 이 모금 문제와 관련하여 조금의 구설수에도 휘말리지 않기 위해서 얼마나 조심하고 있는지를 보여줍니다. 돈이라는 것은 죽어 있는 실체가 아니라, 영혼처럼 사람의 마음을 사로잡는 실체입니다. 물론 그 자체가 정신이나 영혼을 가지고 있다는 말이 아닙니다. 하지만 사탄이 인간의 죄성 안에 있는 탐욕을 부추기기 위해서 사용하는 도구 가운데 돈보다 더 효과적인 수단이 없다는 것을 알아야 합니다. 돈의 이런 성격을 충분히 의식하고 있었던 바울이 꺼내는 이야기는 오늘날 돈 때문에 무너지는 성도와 목사와 교회들을 보면서 뼛속 깊이 새겨야 할 원리들을 제공해 줍니다.

거룩하기도 하고 위험하기도 한 돈

돈은 거룩하기도 하고 위험하기도 한 실체입니다. 인간의 탐욕을 불러일으킨다는 점에서만 위험한 것이 아닙니다. 사람과 사람 사이를 이간질하고 다투게 하는 데 돈보다 효과적인 수단은 없습니다. 우리 주위에서 쉽게 볼 수 있는 예를 들면, 멀쩡한 집안의 우애 좋던 형제들이 부모님 사후에 유산 문제를 놓고 다툼을 벌이는 것은 오로지 갑자기 주어진 돈 때문에 생기는 일입니다. 남길 유산이 없었더라면, 형제간에 이런 평지풍파가 일어나지 않았을 텐데 말입니다. 그 밖에 돈을 빌려주었다가 하루아침에 원수 지간이 되고 마는 친구들이 적지 않고, 사랑해서 결혼한 부부가 돈 때문에 갈라서는 일도 드물지 않습니다. 심지어 부모와 자식이 연을 끊기도 합니다. 이런 점에서 돈이 무섭고도 위험한 실체라는 것을 부인할 수 있는 사람은 없습니다.

그렇다면 신자인 우리는 돈을 멀리하는 것이 옳을까요? 이 것만이 그리스도인이 돈의 위험에서 벗어날 최선의 방책일까요? 성경이 돈에 대해서 취하는 입장은 중립적입니다. 바울은 영적 아들이요 목회자인 디모데를 향하여 "돈을 사랑함이 일만 악의 뿌리"(딤전 6:10)라고 말하면서도('돈'이 아니라 '돈을 사랑함'이라는 점에 주목하십시오), 지금까지 고린도후서 8장에서 살펴본 대

로 돈을 은혜라는 관점에서 바라보고 있습니다. 많은 신실한 그
리스도인들에게 돈은 하나님께서 주신 선물이요, 인생을 사는 동
안 맡겨 주신 기업입니다. 돈뿐 아니라 내 인생의 모든 것, 나의
시간, 나의 건강, 나와 관련된 모든 것이 하나님께서 우리에게 사
용하라고 맡겨 주신 것입니다. 그리스도인은 그 누구를 막론하고
청지기로서 하나님께서 자기에게 맡겨 주신 돈을 하나님의 기뻐
하시는 뜻을 따라 잘 관리하고 사용해야 할 의무에서 제외되지
않습니다. 문제는 돈이 사탄의 손에 들려지느냐, 하나님의 손에
들려지느냐 하는 것입니다. 물론 돈은 우리 수중에 있고, 우리 지
갑 안에 있으며, 우리의 이름으로 된 은행계좌에 들어 있습니다.
하지만 그것을 하나님의 것이라고 여기는가 아니면 내 것으로
여기는가에 따라 우리의 서고 넘어짐이 결정됩니다.

　여러 방송의 탐사보도 프로그램들이 한국의 알려진 대형교
회와 목사들의 재정 문제를 이따금씩 다루곤 하는데, 그때마다
신자인 우리는 부끄러움으로 얼굴을 붉히곤 합니다. 교회가 다루
는 재정은 대부분 성도들의 헌금이라고 보아도 무방한데, 교인들
이 헌금을 잘 드리는 것만큼 드려진 헌금을 바르게 관리하고 사
용하는 것 또한 대단히 중요한 문제입니다. 사실, 이 문제로 인
해 세상이 교회를 비난하는 일들이 종종 일어나는 것은 참으로
부끄럽고 슬픈 일입니다. 재정 문제는 투명하지 않을수록 그 불

투명한 영역에서 사탄이 역사할 기회를 얻는다고 생각해야 합니다. 물론 선을 베풀고 구제하는 것은 오른손이 하는 것을 왼손이 모를 정도로 하는 것이 유익합니다(마 6:3). 그 가운데 하나님께서 갚아 주실 것을 바라는 것이 합당한 태도입니다. 이런 일은 나팔을 불어서 모든 사람이 알게 할 필요가 없습니다. 하지만 교회가 헌금을 다루거나 공적 기금을 다룰 때, 은밀하게 다루는 것은 거의 영적 자살 행위라고 보아도 무방합니다.

이것은 교회는 물론이고 부부관계에서도 충분히 적용될 수 있는 문제입니다. 주님 안에서 한 몸이 된 부부 사이에 비자금이 존재하는 것은 합당하지 않고 사탄에게 틈을 주는 요소가 되기 십상입니다. 아내 몰래 혹은 남편 몰래 사용할 수 있는 재정으로 나만의 영역을 만드는 것은 위험한 일입니다. 결혼한 부부라면 재정에서 서로 간에 투명해야 하는 것이 지혜롭고 합당한 태도입니다. 헌금 생활에서도 부부는 한마음으로 합의할 수 있어야 합니다. 아내나 남편 중 한 사람이 은혜를 받아서 헌금을 작정하고 배우자 몰래 혼자서 헌금을 드리는 것은 합당하지도 않고 장려할 수 없는 일입니다. 주 안에서 건강하고 성숙한 부부라면, 모든 일에서 함께 기도하고 의논하며 하나님이 기뻐하시는 뜻을 따라 재정을 사용하는 것이 합당합니다.

부부가 그러해야 한다면, 하물며 주님의 몸인 교회야 어떠

해야겠습니까? 교회 지도자나 재정 책임자가 하나님 앞에서 부
끄러운 재정 집행을 하게 된다면, 그것은 심히 악한 일이어서 교
회를 무너뜨리는 결과를 초래할 수 있습니다. 이뿐 아니라, 성도
들이 알 수 없고 알지 못하는 방식으로 재정이 집행되는 것 또한
마찬가지의 결과를 가져올 수 있습니다. 이 점에서 모든 성도는
언제나 하나님이 기뻐하시는 것이 무엇인지를 분명히 알도록 성
숙해져야 하고 바른 분별 위에 서 있어야 합니다. 이렇게 준비되
어 있지 않을 때, 교회는 돈 문제로 어지럽혀지고 무너질 수 있습
니다. 돈은 이처럼 거룩하기도 하고 위험하기도 한 실체입니다.

자나 깨나 돈 조심

예루살렘 교회를 위하여 바울이 이방인 교회들로부터 모금한 헌
금은 결코 적은 액수가 아니었을 것입니다. 그리고 요즘처럼 은
행에서 송금하고 받을 수 있고 증빙서류를 확실하게 남길 수 있
는 시스템이 없었던 시대에, 이 거액의 돈을 관리하는 일은 간단
한 일이 아니었을 것입니다.

이것을 조심함은 우리가 맡은 이 거액의 연보에 대하여 아무도
우리를 비방하지 못하게 하려 함이니 이는 우리가 주 앞에서뿐

아니라 사람 앞에서도 선한 일에 조심하려 함이라(고후 8:20-21).

돈의 위험성을 너무나도 잘 알고 있던 바울은 여기서 '조심하다'라는 표현을 두 차례나 사용하고 있습니다. "조심함은" 그리고 "조심하려" 이 두 단어는 우리말로 모두 '조심하다'라는 말로 쓰였지만, 헬라어로는 서로 다른 단어가 사용되었습니다. 하지만 두 단어는 모두 '조심하다', '신경을 써서 돌보다'라는 의미를 가지는 단어입니다. 조심하겠다고 거듭해서 말하는 바울의 태도는 그가 돈의 위험성을 충분히 인지하고 있었다는 것을 보여 줍니다. 바울은 이 돈의 문제로 아무도 자신을 비방하지 못하게 하겠다는 의도를 분명하게 밝힙니다. 어쩌면 이 말은 고린도 교회가 바울은 돈을 좋아하는 사람이라고 의심하고 비난했던 것을 반영하는지도 모릅니다.

바울은 "주 앞에서뿐 아니라 사람 앞에서도 선한 일에 조심하려 함이라"고 말합니다. 사람들은 보통 하나님 앞에서만 조심하면 된다고 생각하는 경향이 있습니다. 이것은 너무나 나이브한 태도가 아닐 수 없습니다. 하나님 앞에서 하나님을 속일 수 있는 사람은 아무도 없습니다. 사실 하나님을 의식하고 하나님 앞에서 조심하는 사람이라면, 그는 사람 앞에서도 조심할 것입니다. 결국 모든 사람이 하나님의 심판대 앞에 서게 될 것이고, 거기서 모든 것이 숨김없이 다 드러나게 될 것이라는 점에서는 이견이 없습니다. 하지만 돈 문제로 인해서 넘어지게 되는 것은 사람들이고 상하게 되는 것 또한 사람들 사이의 관계라는 점을 생각한다면, 우리는 돈 문제와 관련해서 조심하고 또 조심해야 합니다. 돈 문제로 인해 아무도 비방할 수 없도록 미리 지혜롭게 처신하는 것이 중요할 뿐 아니라, 하나님 앞에서뿐 아니라 사람들 앞에서도 조심히 돈을 다루어야 합니다. 교회 지도자나 재정 집행자는 아무도 돈 문제로 인해서 시험 드는 일이 없도록 조심해야 합니다. "자나 깨나 돈 조심!"이라고 말해도 결코 지나치지 않습니다. 성도와 교회는 더욱 그리해야 합니다.

재정을 관리할 신실한 사람들

바울은 "사도인 나를 믿으십시오. 책임지고 잘 전달할 테니 아무것도 묻지 말고 그저 믿으십시오"라고 말하지 않습니다. 그는 자신이 혼자서 이 연보를 관리하겠다고 말하지도 않습니다. 이 거액의 연보를 혼자서 책임지는 대신, 이것을 관리하고 예루살렘 교회에 전달할 사람들을 고린도 교회에 소개합니다. 즉 바울은 재정을 책임질 재정팀을 세우고 그 일을 맡을 세 사람을 소개합니다.

디도

첫 번째 인물은 디도입니다.

> 너희를 위하여 같은 간절함을 디도의 마음에도 주시는 하나님께 감사하노니 그가 권함을 받고 더욱 간절함으로 자원하여 너희에게 나아갔고(고후 8:16-17).

이미 디도는 바울의 편지를 고린도 교회에 전달해 준 일로 고린도 교인들의 신뢰를 얻은 바 있었습니다. 고린도후서 7:13-16은 디도와 고린도 교인들 사이에 어떻게 신뢰가 형성되게 되었는지를 보여줍니다.

> 이로 말미암아 우리가 위로를 받았고 우리가 받은 위로 위에 디도의 기쁨으로 우리가 더욱 많이 기뻐함은 그의 마음이 너희 무리로 말미암아 안심함을 얻었음이라. 내가 그에게 너희를 위하여 자랑한 것이 있더라도 부끄럽지 아니하니 우리가 너희에게 이른 말이 다 참된 것같이 디도 앞에서 우리가 자랑한 것도 참되게 되었도다. 그가 너희 모든 사람들이 두려움과 떪으로 자기를 영접하여 순종한 것을 생각하고 너희를 향하여 그의 심정이 더욱 깊었으니 내가 범사에 너희를 신뢰하게 된 것을 기뻐하노라.

디도는 바울의 마음과 입장을 충분히 이해했을 뿐 아니라, 바울이 가진 그 간절한 심정으로 고린도 교회에 편지를 전달했다고 바울은 말합니다. 디도 역시 바울과 마찬가지로 고린도 교인들을 향한 애정이 있었고, 그들이 참으로 하나님 앞에 회개하고 돌아오기를 바라는 마음을 가지고 있었습니다. 마침내 고린도 교인들이 그 편지를 보고 회개하게 되자, 디도의 기쁨은 충만해졌고 마음에 안정을 얻게 되었습니다. 바울은 그들의 회개로 인해 자신이 디도에게 고린도 교회를 자랑했던 일이 부끄럽지 않게 되었다고 말합니다. 회개한 고린도 교인들은 그들의 영적 아버지인 바울을 대하는 것처럼, 두려움과 떪으로 디도를 영접하고 대접하였습니다. 그리고 디도에게 순종하였습니다. 이것을 직접 경험한 디도로서는 고린도 교인들을 향한 마음이 더욱 깊어지지 않을 수 없었을 것입니다. 이렇게 디도와 고린도 교인들 사이에는 깊은 신뢰와 애정의 관계가 형성되어 있었습니다.

"더욱 간절함으로 자원하여 너희에게 나아갔고"(고후 8:17)라는 표현은, 디도가 모금에 대한 간절함을 가졌다기보다 고린도 교인들을 향한 간절함이 깊었다는 것으로 이해하는 것이 자연스럽습니다. 이 차이는 중요합니다. 일을 하다 보면 우리의 간절함이 사람이 아닌 돈, 사역, 프로젝트를 향하기가 얼마나 쉬운지 우리는 경험을 통해 알고 있습니다. 교회를 섬기는 사람들은 언제나 이것을 조심해야 합니다. 교회가 귀하게 여겨야 하는 것은 언제나 돈보다 사람이고, 사역보다 사람이며, 프로젝트보다 사람입니다. **사람을 향한 간절함은 디도가 이 일을 맡을 만한 적임자라는 것을 보여주는 중요한 조건입니다.**

이런 바탕 위에서 바울은 조금의 주저함도 없이 이 거액의 연보를 감당할 사람으로 디도를 소개합니다. 만일 고린도 교회와 디도 사이에 이런 관계가 형성되지 않았다면, 바울이 디도에게 이 거액의 연보에 대한 책임을 맡기는 일은 그리 지혜로운 일이라고 할 수 없었을 것입니다. 고린도 교인들은 바울이 자기 사람인 디도를 세운다고 여겼을 것이기 때문입니다. 그러나 디도는 이미 바울의 사람이 아니라, 고린도 교회가 신뢰하고 인정하는 하나님의 사람이었습니다. 그래서 고린도 교인들은 바울이 거액의 연보를 책임질 재정팀장으로 디도를 세웠을 때, "아, 디도라면 충분히 믿을 만하고 우리가 아무런 염려를 하지 않아도 될 사람이야"라고 말할 수 있었을 것입니다.

'그 형제'

그러나 바울은 여전히 조심하고 또 조심합니다. "이제 여러분이 나를 신뢰하고 또한 디도를 신뢰하니, 우리 두 사람이 책임지고 이 연보를 예루살렘 교회에 전달하겠습니다"라고 말하지 않습니다. 돈에 대해서는 이렇게 조심하고 또 조심하는 태도가 얼마든지 합당합니다. 그래야 사탄의 역사에 틈을 주지 않고 비방거리를 만들지 않을 것이기 때문입니다.

바울은 디도 외에 또 한 사람을 이 재정팀에 세우고 그를 소개합니다. 바울이 그 사람의 이름을 언급하고 있지는 않지만, "그 형제"라고 하는 것을 보면, 적어도 이 편지를 받고 있는 고린도 교인들과 바울이 모두 잘 알고 있는 사람이었을 것이라고 생각할 수 있습니다.

> 또 그와 함께 그 형제를 보내었으니 이 사람은 복음으로써 모든 교회에서 칭찬을 받는 자요 이뿐 아니라 그는 동일한 주의 영광과 우리의 원을 나타내기 위하여 여러 교회의 택함을 받아 우리가 맡은 은혜의 일로 우리와 동행하는 자라(고후 8:18-19).

"그 형제"는 어쩌면 디도와 함께 바울의 편지를 전달하는 일을 맡았던 사람일지도 모릅니다. 분명한 것은 바울이 언급하듯이 "이 사람은 복음으로써 모든 교회에서 칭찬을 받는 자"였고, "동일한 주의 영광과 우리의 원을 나타내기 위하여 여러 교회의 택함을 받은" 사람이었다는 점입니다. "그 형제"는 단지 어느 특정 교회에서만 신뢰를 받는 사람이 아니었습니다. 이미 여러 교회

에 알려져 있는 인물이었을 뿐 아니라, 그를 알고 있는 많은 교회들이 이구동성으로 칭찬하는 사람이었습니다. 그는 또한 주의 영광을 드러내고 바울의 좋은 뜻을 이루는 일을 위해 바울을 도와 섬기도록 여러 교회가 택한 사람이었습니다. "여러 교회의 택함을 받아"라는 말은 오늘날의 선교사와 같이 바울을 돕도록 공식적으로 교회들의 파송을 받은 사람이라는 의미로 이해할 수 있습니다. 그렇게 보냄을 받은 그 형제는 사도가 감당해야 하는 이 거액의 연보를 예루살렘 교회에 전달할 최적임자가 아니었겠습니까? 아마도 그는 지금까지 이 일을 위하여 바울과 동행해 왔던 것으로 보입니다.

이런 정보를 토대로, 어떤 학자들은 "그 형제"는 누가나 바나바 혹은 실라를 가리킬 것이라고 추측하기도 합니다. 우리가 딱히 누구라고 단정할 수는 없겠지만, "그 형제"는 누가나 바나바나 실라만큼이나 초대 교회에 널리 알려졌고 신뢰를 받는 인물이었을 것입니다.

여기 19절에서도 바울은 예루살렘 교회를 위해 이방인 교회들의 연보를 전달하는 일을 "은혜의 일"이라고 말하는 것을 볼 수 있습니다. 바울에게 예루살렘 교회를 위하여 이방인 교회에서 연보를 모금하여 전달하는 일은 "은혜의 일"이었습니다. 이것이 하나님의 은혜의 일이었기 때문에 바울은 이 일을 주먹구구식으

로 혹은 임의로 하지 않고, 하나님의 은혜가 헛되게 되지 않도록
조심하고 또 조심합니다.

'한 형제'

이만하면 바울은 이 거액의 연보에 대하여 충분히 조심했다고
말할 수 있지 않겠습니까? 하지만 그는 아직도 만족하지 않는 것
같습니다. 바울은 재정을 맡아 수고할 또 한 사람을 추가적으로
소개합니다.

> 또 그들과 함께 우리의 한 형제를 보내었노니 우리는 그가 여러
> 가지 일에 간절한 것을 여러 번 확인하였거니와 이제 그가 너희
> 를 크게 믿으므로 더욱 간절하니라(고후 8:22).

바울은 이번에도 형제의 이름을 기록하지 않았습니다. 그는
이 형제에 대하여 "여러 가지 일에 간절한 것을 여러 번 확인하
였다"고 소개합니다. 디도와 마찬가지로, 고린도 교회를 향한 그
의 신뢰와 간절함이 특별하다는 것입니다. 이 간절한 마음은 거
액의 재정을 맡기는 데 절대적으로 중요한 자질입니다. 이것은
바울 자신의 마음이기도 했습니다. 그리고 이 거액의 연보를 맡
을 세 번째 인물에게서도 바울은 여러 차례 이 간절함을 보았다

고 말합니다. 일에 대한 간절함만이 아니라 사람을 향한 간절한 마음 말입니다.

'간절함'은 헬라어로 '열심', '열정', '부지런함'을 의미하는 말입니다. 세상을 살면서 우리가 쏟는 열심이 있습니다. 학생은 공부에, 직장인과 사업가는 일에 대한 열심을 드러내며 살아가기 마련입니다. 별개로 생각해야 할 것은 아니지만, 교회에서 우리가 섬기는 일에 대해서는 유독 이런 간절함과 부지런함을 드러내지 못할 때가 있지 않은지 돌아볼 필요가 있습니다. 작은 일이든 큰일이든 자신이 맡은 일을 열심을 품고 감당하고, 무엇보다 사람과 관계에 대한 간절함을 가지고 주님을 섬기는 것이 중요합니다. 아마 바울은 이런 거액의 연보를 감당해야 하는 일을 맡길 때, 먼저 그 사람이 가진 간절한 마음이나 열심을 중요하게 여겼던 것 같습니다.

세 사람

끝으로 바울은 이 세 사람에 대한 자신의 인정과 칭찬을 표현합니다.

> 디도로 말하면 나의 동료요 너희를 위한 나의 동역자요 우리 형
> 제들로 말하면 여러 교회의 사자들이요 그리스도의 영광이니라
> (고후 8:23).

먼저 바울은 디도를 가리켜 "나의 동료"일 뿐 아니라, "너희를 위한 나의 동역자"라고 말합니다. 디도가 바울의 동료라는 것은 누구나 다 아는 사실이었습니다. 그러나 바울은 조금 더 부연합니다. 디도는 바울뿐만이 아닌 '고린도 교인들을 위한' 바울의 동역자였습니다. 바울이 이 말을 할 때 고린도 교인들은 바울의 의도를 충분히 알아차렸을 것입니다.

이제 바울은 다른 두 형제에 대해서도 다시 언급합니다. "우리 형제들로 말하면 여러 교회의 사자들이요 그리스도의 영광이니라." "여러 교회의 사자들"이라는 말은 여러 교회를 대신하여 섬기도록 여러 교회로부터 보냄을 받은 심부름꾼들이라는 뜻입니다.

여기서 무엇보다 우리의 눈길을 끄는 것은 "그리스도의 영광이니라"고 한 표현입니다. 사람이 받을 수 있는 찬사 중에 이보다 더한 찬사가 어디 있을까요? "그리스도의 영광"이라는 말은 그들이 교회로부터 칭찬을 받고 있었을 뿐 아니라 그리스도의 칭찬과 인정을 받는 사람들임을 보여주는 말입니다. "그리스도의 영광"이라는 말로써 바울은 이 거액의 연보를 관리하고 예루살렘 교회에 전달해 줄 사람들에 대한 최후 도장을 찍은 셈입니다.

돈이 은혜가 되기 위하여

바울이 돈, 연보, 모금을 계속 '은혜'라는 말로 표현하고 있다는 것을 주목하십시오. 이것이 돈과 헌금을 바라보는 바울의 관점입니다. 또한 돈과 헌금을 바라보는 성경적 관점이기도 합니다. 하지만 분명한 것은, 돈이 저절로 은혜가 되는 것은 아니며, 헌금이라고 해서 그 돈이 자동적으로 거룩한 은혜로 변하는 것도 아니라는 사실입니다.

바울이 거액의 연보에 대하여 아무도 비방하지 못하도록 하나님 앞에서뿐 아니라 사람 앞에서도 조심하고 또 조심하는 데는 그만한 목적이 있습니다. 그것은 이 돈, 이 헌금이 은혜가 되도록 하려는 것입니다. 자칫 이 거룩한 헌금이 사탄의 도구로 둔갑해서 바울과 고린도 교회 사이에 오해와 비난과 다툼의 원인으로 전락할 수 있고, 결국 교회를 무너뜨리고 하나님의 영예를 더럽히게 될 수도 있기 때문입니다. 아무리 하나님께 드려진 헌금이라고 할지라도 순식간에 이렇게 될 수 있습니다. 우리는 이런 일을 한국 교회에서 수없이 보고 있지 않습니까? 이것이 돈이 가지는 무서운 성질입니다. 사탄의 손에 들려지는 순간, 돈은 그렇게 악한 도구로 전락하고 맙니다.

그래서 바울은 세 사람의 신실한 사람들로 구성된 재정팀을 세웠습니다. 바울과 디도 단 두 사람이 아닙니다. 최소한의 다수를 세워서 이 거액의 연보를 관리하고 예루살렘 교회에 전달하겠다는 것이 바울의 의도이고 의지입니다. 이렇게 해야 돈이 은혜가 될 수 있기 때문입니다. 이 거액의 연보가 은혜가 되기 위해서는 처음부터 끝까지 이 돈이 하나님께 드려지고 하나님의 손에 붙잡혀 있어야만 합니다. 한순간이라도 이 돈이 내 것, 우리 것이라는 생각을 하게 되면, 그 순간 우리는 넘어지고 그 돈, 그 헌금은 은혜가 될 수 없습니다. 이것은 예수님을 믿는 성도들 개인의 삶에서도 똑같이 적용됩니다.

성도 개인뿐 아니라 교회가 다루는 모든 재정, 돈, 헌금은 언제나 은혜가 되어야 합니다. 그 돈이 모아지는 방식에서부터 돈이 관리되고 사용되는 방법에 이르기까지 은혜의 일이 되어야 합니다. 우리가 드리는 헌금이 은혜가 되어야 하는 것이 다가 아닙니다. 모여진 헌금, 거액의 재정이 은혜가 되기 위하여 하나님 앞에서와 사람 앞에서 조심히 다루어져야 합니다.

돈이 은혜가 되기 위한 구체적 적용 원리가 있습니다. 우선, 사람을 믿지 말라는 것입니다. 돈 앞에서 자신할 수 있는 사람은 없습니다. 돈은 우리 죄성의 탐심을 부추겨 우상숭배로 인도하기 때문입니다. 이 위험에서 자유로운 사람은 아무도 없습니다. 바울 자신이 "내가 알아서 하겠습니다"라고 말하지 않았다는 점을 생각할 때, 어느 목사, 어느 장로가 "나를 믿고 맡기라"고 말할 수 있겠습니까? 재정의 문제에서 사람을 믿지 말라는 말에서 예외가 되는 사람은 없습니다. 신자들은 이 점에서 자신은 물론 다른 형제들에 대해서도 과신해서는 안 됩니다. 믿는 것, 믿어 주는 것이 능사가 아닙니다. "교회 안에서 어찌 사람을 믿지 못합니까?"라고 말하는 것은 위험합니다. 이런 태도는 사탄에게 빌미를 줄 뿐입니다. 그런 맥락에서 재정을 한 사람이 혼자 다루어서는 안 됩니다. 물론 재정을 맡길 만한 적임자가 없는 작은 교회에서는 적용이 쉽지 않을 수 있습니다. 그럼에도 불구하고 조심하고 지혜로워야 합니다. 재정에 대해서는 사람을 믿지 않는다는 원리는 하나의 지혜로운 적용 원리라고 할 수 있습니다. 여기서 사람을 믿지 않는다는 것이 그 사람의 신앙과 인격에 대한 모독이거나 의심이라고 여겨져서는 안 됩니다.

두 번째로, 교회가 재정을 관리하고 집행할 때 **목사 중심으로 되는 것**이 한국 교회의 일반적 관행인데, 이것은 매우 위험한 관습으로 할 수 있는 한 **피해야** 합니다. 재정에 대한 전권을 목사가 행사하는 것은 위험합니다. 설령 소수의 재정 관리자가 있다고 할지라도, 목사의 권위가 신적 권위로 인정되는 경향이 있는 교회에서는 그들은 있으나 마나 한 존재가 되고 마는데, 이 또한 위험한 일입니다. 이런 원칙이 지켜지지 않을 때, 단지 목사 한 사람이 교회의 재정을 유용하거나 횡령하게 되는 것으로 상황이 끝나지 않습니다. 이미 한국 교회가 경험하고 있듯이, 하나님의 교회를 무너뜨리고 세상 앞에서 하나님의 이름이 더럽혀지는 일로 번지고 맙니다.

바울은 이 거액의 연보를 관리하기 위해 신실한 복수의 사람들을 세웠습니다. 자신이 믿는 한 사람이 아니라, 온 교회가 알고 인정할 만한 사람들을 세웠다는 것이 중요합니다. 교회의 재정권을 목사 사모가 가지고 집행하는 경우도 있는데, 이것은 매우 위험하고 성경적으로 지혜롭지 못한 처사이며 상식에도 미치지 못하는 일입니다. 한 조직에서 회장과 회계를 부부가 맡을 수 없다는 것은 일반 상식에 속하는 문제가 아닙니까? 교회에서 이런 상식에도 미치지 못하는 일들이 비일비재하게 벌어지는 것은 심히 부끄러운 일입니다.

마지막으로, 복수의 신실한 사람들을 세워 재정을 관리할 때, 교회는 재정에서 불필요한 시험거리들을 제거하게 되고 투명성을 유지할 수 있게 됩니다. 교회가 수년 동안 공동의회에서 재정을 공개하지 않다가 결국 목사가 배임 횡령죄로 복역을 한 예도 있지 않습니까? 왜 이런 일들이 벌어집니까? 성경이 우리에게 가르치는 바, 돈이 은혜가 되지 않고 돈을 돈으로 여겼기 때문입니다. 돈이 은혜가 되지 않으면, 돈은 우리를 망하게 하고 교회를 무너뜨립니다.

중요한 것은 무조건 형제를 믿어 주는 것이 아니라, 형제가 돈 문제로 인하여 넘어지지 않도록 지켜 주는 것입니다. 우리는 모두 죄인입니다. 바울 자신도 이 점에서 예외가 아니었습니다. 그래서 "나를 믿고 맡기십시오"라고 말하는 대신, 자신 외에 세 사람의 신뢰받는 사람들을 세운 것입니다.

우리가 이런 신실한 사람들이 되는 것은 중요합니다. 사도가 인정하고 추천하는, 아니 온 교회가 인정하는 신실한 사람이 되는 것은 중요합니다. 돈에서 신실하지 못하면 은혜에서도 신실할 수 없습니다. 돈에서 정직하지 못하면 그가 받은 은혜는 헛되게 받은 은혜임을 드러내는 것입니다. 내게 맡겨 주신 것이 얼마든지 간에 그것을 지혜롭고 바르게 잘 관리하고 사용할 때, 우리 신앙은 성장하고 하나님께서 주신 은혜가 헛되지 않았음이 증명될 수 있습니다. 온 교회가 추천하고 인정하는 신실한 사람으로 사는 것, 이것이 신앙이 바르게 성장하고 성숙한 신자가 되는 길이며, 경건한 어른으로 자라 가는 여정입니다.

이제 바울 편에서는 모든 준비가 갖추어졌습니다. 바울은 이렇게 말합니다.

그러므로 너희는 여러 교회 앞에서 너희의 사랑과 너희에 대한 우리 자랑의 증거를 그들에게 보이라(고후 8:24).

　바울은 이 거액의 연보를 어떻게 투명하고 문제없이 다룰 것인지에 대한 계획을 구체적으로 고린도 교인들에게 밝혔습니다. 이제는 고린도 교인들이 반응하고 행동해야 할 차례입니다. 그들은 더 이상 의심과 우려 섞인 눈으로 바울을 바라보고 주저할 것이 아니라, 이제 자신들에게 주신 하나님의 은혜를 예루살렘 교회를 위한 이 연보로써 증명해야만 합니다. 이 헌금은 고린도 교인들이 참으로 회개하였다는 것을 바울 자신에게뿐 아니라 여러 교회들에 증명하는 표가 될 것입니다. 고린도 교인들이 참으로 회개하였고 은혜를 받았다면, 그들은 예루살렘 교회의 형제들을 사랑할 것이고, 그 사랑을 이 연보에 담아 표현하는 것은 지극히 당연한 일일 것입니다.

　연보를 마치는 일이 바울에게 중요했던 이유는 단순히 모금액을 채우는 것 이상이었습니다. 목회적 차원에서 이 연보가 고린도 교회 성도들의 회개의 진정성을 증명하고 복음에 대한 살아 있는 표현이 되기 때문에 이것은 중요했습니다. 돈으로, 헌금으로 은혜를 나타내고 증명하라는 바울의 말씀은 오늘 우리 모두에게도 동일하게 적용되는 말씀입니다. 주님께로부터 받은 은혜는 반드시 돈으로 표현되게 마련입니다. 회개하고 주 예수 그리스도의 은혜를 받은 자는 돈에 대한 소유권, 재물에 대한 주권을 모두 하나님께 양도하게 되고, 이제 자신이 돈의 주인이 아니며, 자신이 가진 것 모두가 주님이 맡겨 주신 것임을 인정하는 주님의 청지기로서 살지 않을 수 없습니다. 이때부터 돈이 은혜가 되고, 돈이 은혜를 나타내는 일에 사용되는 영광스러운 출발점에서 서게 됩니다.

1. 교회 지도자들은 성도들이 드린 헌금을 조심히 다룸으로써 사탄에게 틈을 주거나 사람들의 비방거리를 만들지 않아야 한다고 저자는 말합니다(179, 183쪽). 오늘날 고린도후서 8장에서 바울이 가르치는 원리를 따르지 않는 교회의 관습에는 어떤 것들이 있습니까?(190쪽) 그리고 성경의 원리를 따라 헌금을 조심히 다루기 위해 시급하게 필요한 것은 무엇이라고 생각합니까?

2. 저자는 "이 거액의 연보가 은혜가 되기 위해서는 처음부터 끝까지 이 돈이 하나님께 드려지고 하나님의 손에 붙잡혀 있어야만 합니다. 한순간이라도 이 돈이 내 것, 우리 것이라는 생각을 하게 되면, 그 순간 우리는 넘어지고 그 돈, 그 헌금은 은혜가 될 수 없습니다. 이것은 예수님을 믿는 성도들의 개인의 삶에서도 똑같이 적용됩니다"라고 말합니다(189쪽). 이것을 오늘 여러분의 삶에 적용하면, 돈이 은혜가 되기 위해 여러분이 고쳐야 할 부분은 무엇입니까? 친구 관계, 부부 관계, 부모와 자녀 관계, 모든 삶의 영역에 적용해 봅시다.

8장   은혜의 황금사슬

¹성도를 섬기는 일에 대하여는 내가 너희에게 쓸 필요가 없나니 ²이는 내가 너희의 원함을 앎이라. 내가 너희를 위하여 마게도냐인들에게 아가야에서는 일년 전부터 준비하였다는 것을 자랑하였는데 과연 너희의 열심이 퍽 많은 사람들을 분발하게 하였느니라. ³그런데 이 형제들을 보낸 것은 이 일에 너희를 위한 우리의 자랑이 헛되지 않고 내가 말한 것같이 준비하게 하려 함이라. ⁴혹 마게도냐인들이 나와 함께 가서 너희가 준비하지 아니한 것을 보면 너희는 고사하고 우리가 이 믿던 것에 부끄러움을 당할까 두려워하노라. ⁵그러므로 내가 이 형제들로 먼저 너희에게 가서 너희가 전에 약속한 연보를 미리 준비하게 하도록 권면하는 것이 필요한 줄 생각하였노니 이렇게 준비하여야 참 연보답고 억지가 아니니라. ⁶이것이 곧 적게 심는 자는 적게 거두고 많이 심는 자는 많이 거둔다 하는 말이로다. ⁷각각 그 마음에 정한 대로 할 것이요 인색함으로나 억지로 하지 말지니 하나님은 즐겨 내는 자를 사랑하시느니라. ⁸하나님이 능히 모든 은혜를 너희에게 넘치게 하시나니 이는 너희로 모든 일에 항상 모든 것이 넉넉하여 모든 착한 일을 넘치게 하게 하려 하심이라. ⁹기록된 바 그가 흩어 가난한 자들에게 주었으니 그의 의가 영원토록 있느니라 함과 같으니라. ¹⁰심는 자에게 씨와 먹을 양식을 주시는 이가 너희 심을 것을 주사 풍성하게 하시고 너희 의의 열매를 더하게 하시리니 ¹¹너희가 모든 일에 넉넉하여 너그럽게 연보를 함은 그들이 우리로 말미암아 하나님께 감사하게 하는 것이라. ¹²이 봉사의 직무가 성도들의 부족한 것을 보충할 뿐 아니라 사람들이 하나님께 드리는 많은 감사로 말미암아 넘쳤느니라. ¹³이 직무로 증거를 삼아 너희가 그리스도의 복음을 진실히 믿고 복종하는 것과 그들과 모든 사람을 섬기는 너희의 후한 연보로 말미암아 하나님께 영광을 돌리고 ¹⁴또 그들이 너희를 위하여 간구하며 하나님이 너희에게 주신 지극한 은혜로 말미암아 너희를 사모하느니라. ¹⁵말할 수 없는 그의 은사로 말미암아 하나님께 감사하노라.

✦ 고후 9:1-15

설교자가 돈에 대한 설교를 은혜롭게 하는 것은 매우 중요합니
다. 제가 아는 한, 성경은 돈 이야기를 은혜롭게 하는 책입니다.
언제나 그렇습니다. 특별히 우리는 고린도후서 9장에서 그 방식
을 볼 수 있습니다. 돈 이야기를 은혜롭게 하는 방식 말입니다.

참 연보는 억지로 하는 게 아니다

고린도후서 9장에서 바울이 가장 먼저 언급하는 헌금의 원리
는 헌금은 준비되어야 한다는 것입니다. 1-5절에 준비한다는 말
이 모두 다섯 번 사용됩니다. 바울은 자신이 고린도 교회에 이
연보를 일 년 전에 부탁했었고, 고린도 교인들이 그 말을 들었
던 일 년 전부터 이 연보를 준비했다는 사실을 강조합니다. 자
신이 마게도냐 교인들에게 고린도 교인들은 지난해부터 연보할

준비가 되어 있었다고 자랑했다는 사실도 함께 말합니다. "아가
야에서는 일 년 전부터 준비하였다"(고후 9:2)는 말이 그것입니
다. 아가야는 고린도가 속해 있던 로마의 속주로 고린도 교회를
에둘러 표현한 말입니다. 이 자랑이 헛되지 않기를 바라는(고후
9:3) 바울의 마음은, 단순히 자신이 부끄러움을 당할까 두렵다
는 말이 아닙니다(고후 9:4). 이것은 고린도 교인들이 그대로 행
함으로써 하나님의 은혜의 능력을 보여주기를 바라는 아버지의
마음입니다.

아마도 바울은 고린도 교회를 방문할 때 지금 있는 마게도
냐 교인들과 함께 방문하게 될 텐데, 그때 마게도냐 교인들이 바
울의 자랑을 보게 되기를 기대하는 것입니다. 그렇게 될 때, 하나
님의 은혜의 부요함을 함께 찬송할 수 있지 않겠습니까? 그래서
바울은 앞서 언급한 디도와 두 형제를 고린도로 먼저 보내 연보
의 일을 잘 마무리해 주기를 바랍니다.

바울은 왜 헌금은 준비되어야 한다고 말하는 것일까요? 어
떤 의미에서 바울은 "이렇게 준비하여야 참 연보답고 억지가 아
니니라"(고후 9:5)고 말하는 것일까요?

바울의 강조점은 분명합니다. 연보를 억지로 해서는 안 된다
는 것입니다. 이것은 헌금의 중요한 기초 원리입니다. 하나님께
서 베풀어 주신 은혜에 대한 감사, 그 선하신 하나님께 대한 사랑

으로부터 흘러나오는 헌금이 아닌 억지로 하는 헌금이라면, 그것
은 세금일 뿐입니다. 바울은 다시 반복해서 말합니다. "억지로 하
지 말지니"(고후 9:7). 억지로 하지 않기 위해서 헌금은 미리 준
비되어야 합니다. 일 년 전부터 고린도 교인들이 예루살렘 교회
성도들을 사랑하는 마음으로 자신들의 형편에서 얼마나 하나님
께 드릴 수 있을지를 생각하고 마음에 결정하여 주일에 그들이
모일 때마다 일정하게 드려 왔다면, 그들은 바울이 온다고 해서
갑작스럽게 부산을 떨면서 헌금을 해야 할 필요가 없었을 것입
니다. 매 주일 공예배 때 드려지는 모든 헌금이 미리 준비되어야
한다는 것은 헌금의 중요한 원리입니다. 이미 바울은 고린도전서
를 쓸 때 "매주 첫날에 너희 각 사람이 수입에 따라 모아 두어서
내가 갈 때에 연보를 하지 않게 하라"(고전 16:2)고 말하며 이것
을 구체적으로 당부했습니다.

하나님께 드릴 것을 미리 준비하지 않는다면 나중에 드릴
것이 남지 않는다는 것을 우리는 경험적으로 압니다. 언제나 내
가 쓰기에도 부족한 것이 돈이기 때문입니다. 미리 준비해야 기
꺼이 즐거운 마음으로 생각하고 결정해서 드릴 수 있습니다. 헌
금이 억지가 되지 않기 위해서 헌금은 준비되어야 합니다.

사실, 헌금을 억지로 내지 않아야 한다는 이 중요한 원리는
강단에서 말씀을 전하는 목사들의 태도와 깊이 연결되어 있습니

다. 헌금이 억지로 드려지는 것이 되지 않게 하려면 강요되지 않아야 합니다. 헌금은 강요될 수 있는 것이 아닙니다.[1] 그럼에도 불구하고 헌금의 일정 액수를 장로, 권사, 집사의 직분별로 할당하여 준다든지, 목표액을 N분의 1로 나눠서 내라는 식의 강요는 성경적이지도 않고 하나님께서 기뻐하시지도 않는 것입니다.

다음은 서울의 한 대형 교회 목사의 설교 내용입니다.[2]

"우리 교회 한 권사님은 신앙생활을 잘했습니다. 장로를 시키려고 했는데 부인이 못하게 했습니다. 어느 날 그 집에 불이 났어요. 십일조가 많다면서 못 바치겠다고 하더니 불에 홀딱 탔어요. 장로도 못 되고……."

"빚 때문에 십일조 못 낸다는 분들이 있어요. 하나님 앞에서 물질생활을 바로 하지 못했기 때문에 그런 결과가 생긴 것입니다. 천만 원의 빚을 졌으면 이천만 원 빚진 셈치고, 지금부터라도 십일조 생활을 온전히 하면 적자가 흑자로 돌아섭니다."

"하나님 앞에 드려야 할 것 안 드리면 어떻게 되느냐. 사고나 질병이나 수술 비용으로 돈이 없어지고, 또 도적 만나 없어져요. 그걸 사람들이 몰라요. 대구에 갔더니 어떤 장로님은 십일조를 떼먹다가 그 부인이 유방암에 걸려 몇 번이나 수술을 했대요."

슬픈 현실은 이런 식의 설교가 어느 특정 교회 강단에서만 전해지는 것이 아니라, 한국 교회에 보편적인 헌금 설교가 되었다는 것입니다. 백성이 하나님을 아는 지식이 없어서 망한다는 호세아 선지자의 말씀은 오늘날에도 동일하게 적용되는 진리입니다(호 4:6, 6:6). 하나님을 아는 지식이 없는 신앙은 신앙이 아닙니다. 기독교 신앙은 신앙의 대상인 하나님을 아는 것이며, 하나님께서 예수 그리스도 안에서 행하신 구속의 내용을 믿는 것입니다. 단지 지옥에 가는 것이 두려워서 믿는 신앙이나, 세상에서 물질의 복을 받아 잘살아 보기 위해 투자하는 셈 치고 헌금하는 신앙은 성경이 승인하는 참된 기독교 신앙도, 구원 얻는 신앙도 아닙니다. 이런 식의 가르침이 강단에서 아무 일 없이 전해질 수 있다는 것은 예배당 안에 앉아 있는 사람들의 보편적 무지를 보여주는 증거입니다. 이런 무지가 만연할수록, 그런 비성경적이고 반기독교적인 설교를 통해서 사람들로 하여금 더 많은 헌금을 하게 만들 수 있을 것입니다. 그러나 이렇게 하는 것은 언제나 구약 시대 거짓 선지자들과 신약 시대 거짓 교사들의 특징이었습니다.

그들은 "살진 양을 잡아 그 기름을 먹으며 그 털을 입되 양

떼는 먹이지 아니하며……자기만 먹이고 하나님의 양 떼를 먹이지 아니하는” 자들입니다(겔 34:3, 8). 그들은 “경건을 이익의 방도로” 여기고, 자기 배를 불리는 자들입니다(딤전 6:5, 빌 3:19 참조). 이런 자들은 종교적 권력으로 군림합니다. 바울은 고린도 교회의 거짓 교사들의 무례무도함을 고발하면서, 한편으로는 그런 자들을 용납하는 고린도 교인들을 책망합니다.

> 누가 너희를 종으로 삼거나 잡아먹거나 빼앗거나 스스로 높이거나 뺨을 칠지라도 너희가 용납하는도다(고후 11:20).

그들은 성도들을 생각하지 않습니다. 거짓 선지자와 거짓 교사들은 성도들을 향한 간절함, 그들의 영혼을 향한 안타까움이 없고 오직 그들의 주머니에만 관심을 가지는 자들입니다.

헌금이 강요에 의해서 드려질 때, 그것은 억지가 되고 맙니다. 설령 복을 받기 위해서 하는 헌금을 억지로 드렸다고 할 수는 없을지라도, 하나님을 향한 사랑과 진정한 감사와 기쁨에서 드리는 헌금이 될 수는 없는 것입니다. 헌금은 그와 같이 드려질 수 없고 드려져서도 안 됩니다. 이것이 성령님께서 바울을 통해 쓰신 하나님의 말씀이 가르치는 헌금의 제일 원리입니다.

'연보'라는 단어

여기서 잠깐 바울이 헌금을 가리키는 말로 사용한 '연보'라는 단어들을 이해하는 것이 도움이 될 것입니다. 제가 "연보라는 단어들"이라고 말했는데, 이것은 개역개정에서 '연보'로 번역된 단어가 헬라어로는 적어도 다섯 개의 단어들에 대한 번역이기 때문입니다. 개역개정에서 '연보'라는 단어는 바울 서신에서만, 그것도 로마서와 고린도전후서에서만 여덟 구절에 걸쳐 열 번 나옵니다. 그리고 '연보'로 번역된 단어는 모두 예루살렘의 가난한 성도들을 위한 헌금을 의미하는 정황에서 사용되었습니다.

왜 바울은 헌금이라는 하나의 용어를 선택해서 사용하는 대신, 다양한 용어들을 사용해서 예루살렘 성도들을 돕기 위한 헌금을 표현한 것일까요? 바울이 사용한 단어들의 면면을 조금만 살펴보면 그 대답은 자명해집니다.

먼저, 바울은 로마서 15장에서 연보를 언급했습니다.

이는 마게도냐와 아가야 사람들이 예루살렘 성도 중 가난한 자들을 위하여 기쁘게 얼마를 연보하였음이라(롬 15:26).

여기서 사용된 연보를 의미하는 헬라어는 많은 이들에게 익숙한 '코이노니아'(κοινωνία)입니다. '코이노니아'는 '교제'를 의미하는 말입니다. 하지만 이 단어의 원의미는 '나누다'입니다. 마음을 나눌 때 그것은 교제가 됩니다. 하지만 물질의 나눔이 될 때 그것은 연보가 됩니다. 로마서 15:26에서 이 단어가 사용될 때에는 '기꺼이 나눌 준비가 되어 있음', '준비된 나눔'과 같이 기쁜 마음으로 기꺼이 한다는 뉘앙스가 강합니다.³ 억지로 교제하는 것을 교제라고 할 수 없지 않습니까? 기쁘게 자발적으로 원해서 한다는 개념이 강합니다.

두 번째로, 바울은 고린도전서 16:1-2에서 연보를 언급했습니다.

성도를 위하는 연보에 관하여는 내가 갈라디아 교회들에게 명한 것같이 너희도 그렇게 하라. 매주 첫날에 너희 각 사람이 수입에 따라 모아 두어서 내가 갈 때에 연보를 하지 않게 하라.

여기서 연보라는 단어에 해당하는 헬라어는 '로게이아'(λογεία)입니다. 이 단어는 '거두다', '모으다'라는 일반적 의미를 가지는데, 신약성경 전체에서 이 두 구절에서만 사용된 단어입니다. 바울이 이 단어를 사용할 때 이것은 '모금'이라는 의미로 사용되는 것일 텐데, 구약의 의무적 성전세 같은 것과 달리

'자발적 성격을 가진 모금'이라는 의미가 내재되어 있습니다.[4]

세 번째로, 연보라는 단어가 언급된 곳은 고린도후서 8:2입니다.

> 환난의 많은 시련 가운데서 그들의 넘치는 기쁨과 극심한 가난이 그들의 풍성한 연보를 넘치도록 하게 하였느니라.

여기서 연보에 해당하는 헬라어는 '하플로테스'(ἀπλότης)입니다. 이 단어는 '진실함', '솔직함'이라는 의미를 가집니다. 왜 바울이 연보를 말하기 위해서 이런 뜻을 가진, 어찌 보면 크게 관련이 없어 보이는 단어를 사용한 것일까요?

이 단어는 겉으로 드러나지 않은 숨은 동기 없이 솔직한 것을 가리키는데, 부정적으로는 순진하고 단순하다는 의미도 가질 수 있습니다. 하지만 신약성경에서는 부정적으로 사용된 예가 없고, 모두 좋은 뜻으로 진심에서 우러나오는 진실함이나 신실함, 겉과 속이 같은 솔직함을 의미하는 데 사용되었습니다.[5] 고린도후서에서는 8:2 외에, 9:11과 9:13에서 같은 용례로 사용되었는데, 9:11에서는 '너그러운 연보'라는 의미로, 9:13에서는 '후한 연보'라는 의미로 사용되었습니다. '진실함', '솔직함'이 연보와 무슨 관계가 있습니까? 이 맥락에서 이 단어는 '관대한 행위',

'관대함', '인색하지 않음', '관대한 방식으로 행한다'는 뉘앙스를 가지게 됩니다. 그래서 9:11과 9:13은 "너그럽게"와 "후한"이라는 수식어를 붙여서 번역이 된 것입니다. 가령 로마서 12:8에서 이 단어가 "성실함"이라고 번역되었는데, "구제하는 자는 성실함으로"라고 쓴 부분은 "구제하는 자는 인색하지 않은 넉넉함으로"라는 의미로 읽을 수 있는 것입니다.

네 번째로 살펴볼 것은, 바울이 고린도후서 8:20에서 연보를 의미하기 위해서 사용한 헬라어 '하드로테스'(άδρότης)입니다.

이것을 조심함은 우리가 맡은 이 거액의 연보에 대하여 아무도 우리를 비방하지 못하게 하려 함이니.

이 단어는 '거액', '풍성함', '후한 선물'이라는 의미를 가집니다. 이 단어는 '넉넉함'과 '후함'이라는 어감을 가집니다. 말하자면, 관대한 마음에서 비롯된 풍성하고 넘치도록 많은 선물을 가리키는 말입니다. 그래서 이 말씀은 그 의미를 살려서 "거액의 연보"라고 번역했습니다.

끝으로 살펴볼 단어는 고린도후서 9:5-6에서 사용된 헬라어 '율로기아'(εὐλογία)입니다.

그러므로 내가 이 형제들로 먼저 너희에게 가서 너희가 전에 약
속한 연보를 미리 준비하게 하도록 권면하는 것이 필요한 줄 생
각하였노니 이렇게 준비하여야 참 연보답고 억지가 아니니라. 이
것이 곧 적게 심는 자는 적게 거두고 많이 심는 자는 많이 거둔
다 하는 말이로다.

9:5에서 이 단어는 "연보"로 번역되었는데, 9:6에서는 연
보라는 말 대신 두 차례 모두 "많이"라고 번역되었습니다. '율로
기아'는 '복'이나 '선물'을 의미합니다. 또는 '기부'로 주어지거나
베풀어지는 혜택을 가리키기도 하는 말입니다.[6] 누군가를 축복
하거나 선물을 주려고 할 때, 또는 어딘가에 소중한 것을 기부하
려고 할 때 억지로 하는 사람이 있겠습니까? 억지로 한다면 이미
그것은 '진정한 복을 베풂' 곧 율로기아가 아닙니다. 이것은 마지
못해서 억지로 베푸는 것이 아닙니다. 그래서 "이렇게 준비하여
야 참 연보답고 억지가 아니니라"고 말하는 것입니다.

9:6에서 "많이"라고 번역된 이유는 무엇일까요? "많이 심는
자는 많이 거둔다"는 말은 곧 "복을 심는 자는 복을 거둔다"는
의미입니다. 즉 예루살렘 교회를 돕기 위해서 너희가 심는 복은
너희로 하여금 복을 다시 거두게 할 것이라는 뜻입니다. 이런 이
유로, 개역개정은 9:5의 "연보"와 9:6의 "많이"에 난외주로 헬

라어의 의미는 "복으로"라고 설명해 놓았습니다.

풍성한 복은 풍성하게 나누어야 한다

이제 바울이 왜 예루살렘 교회를 돕기 위해서 드리는 헌금을 가리키기 위해서 이렇게 다양한 단어들을 사용해서 표현했는지 이해하겠습니까? 바울이 모금하고 있는 이 헌금, 이 연보의 본질과 성격은 기쁜 마음, 기꺼운 마음으로, 조금의 주저나 숨은 동기 없이 마음에서 우러나오는 넉넉함으로, 억지가 아니라 자발적이고 자원하는 심정으로, 인색함이 아니라 후함과 풍성함으로 복과 선물을 나누는 것입니다.

지금 바울이 모금하고 있는 연보는 예루살렘 교회의 형제들을 돕기 위한 일종의 의연금과 같은 성격을 가진 돈인데, 그 본질상 넓고 관대한 마음으로 드려지는 것이 합당합니다. 형제를 향한 아낌없는 사랑에서 나와야 합니다. 그렇다면 이것은 풍성하고 충분한 재정이 될 것입니다.

이 모든 것은 하나님께서 우리에게 후하고 넉넉하게 베풀어 주신 복에서 나오는 것입니다. 이 풍성한 복을 다시 후하고 넉넉하게 예루살렘의 가난한 형제들과 나누어야 합니다. 그러므로 바울은 다양한 단어들을 통해서 연보를 규정함으로써, 이

나눔이 풍성하고 관대해야 한다는 것과 함께 하나님께서 우리에게 허락하신 복을 나누는 것이라는 점을 강조하는 것 같습니다.

우리는 고린도후서 9:7에서 바울이 지적하는 한 가지 부정적인 태도를 주목하게 됩니다. "인색함으로나 억지로 하지 말지니"라는 말입니다. 인색함은 최소한을 드리는 태도이고 아까운 마음으로 바치는 자세입니다. 이런 마음으로 연보를 하게 되면, 은혜의 요소가 사라지고 은혜와는 정반대의 태도를 드러내게 됩니다. 결코 이런 자리에서는 돈이 은혜가 되는 경험을 할 수 없습니다. 바울은 이 다양한 단어들을 통해서 돈이 우리 자신뿐 아니라 우리 형제와 하나님의 백성 모두에게 미치는 은혜가 될 수 있음을 보여줍니다.

"이것이 곧 적게 심는 자는 적게 거두고 많이 심는 자는 많이 거둔다 하는 말이로다"(고후 9:6)라는 말씀은 언뜻 들으면 헌금을 많이 하라는 말씀으로 들릴 수 있습니다. 그러나 여기서 '적게 심는다'는 말은 '인색하게 심는다'는 말이고 '많이 심는다'는 말은 '풍성하고 넉넉하게 복을 심는다'는 말입니다. 여기서 인색함과 풍성함은 '그가 드리는 액수의 적고 많음'을 의미한다기보다는 태도의 문제, 마음의 문제를 강조합니다. 하나님으로부터 풍성한 복을 받았다고 여기는 사람은 그 마음으로부터 우러나오는 관대함으로 풍성하게 나눌 것이고, 그런 사람은 또 더 많은 것들을 거둘 것이라는 말입니다.

마음에 정한 대로 기쁨으로!

연보가 함축하는 풍성함의 원리는 '무조건 많이 하라'는 지침이 아닙니다. 바울은 매우 조심스럽게 "각각 그 마음에 정한 대로 할 것이요"라고 말합니다(고후 9:7). 헌금이 준비되지 않은 채 드려질 때 충동적인 것이 될 위험을 인지하는 말씀입니다. 감정적인 사람들은 그 순간에 감동을 받은 대로 충동적으로 헌금을 작정하거나 드리기 쉽습니다. 하나님께 드리는 헌금은 충동적으로 드려지지 않아야 하고, 준비되어야 하며, 또한 마음에 정해서 드려야 합니다. 마음에 정하고 나서 드려야 즐겁게 드릴 수 있습니다. "하나님은 즐겨 내는 자를 사랑하시느니라"(고후 9:7)는 말씀을 "하나님은 많이 내는 자를 사랑하시느니라"고 읽어서는 안 됩니다. 문제는 마음입니다. '마음이 은혜의 풍성함을 드러내는가' 하는 문제입니다. 그것이 "즐겨 내는 자"라는 표현에 담긴 뜻입니다. 마음에 정하였고, 정한 대로 내기를 소원하며 은혜를 구했는데 그것을 낼 수 있게 되었다면, 그 사람의 마음이 얼마나 즐겁고 감사함이 넘치겠습니까? 마음에 정

한 대로 기쁨으로 하는 헌금이 하나님께서 기쁘게 받으시는 헌
금입니다.

은혜의 황금사슬

이제 바울이 은혜와 돈에 대해서 말하는 결정적인 본문인 고린
도후서 9:6-15을 살펴보면, 우리는 바울이 말하려는 것이 돈이
아니라 은혜였음을 깨닫게 됩니다. 이 본문의 주제를 '은혜의 황
금사슬'이라고 부를 수 있습니다. 돈을 의미하는 황금이 아니라
은혜의 황금사슬입니다. 여기서 우리는 하나가 다른 결과를 낳
고 또 다른 결과로 꼬리를 물고 이어지는 아름다운 순환을 보게
됩니다.

> 하나님이 능히 모든 은혜를 너희에게 넘치게 하시나니 이는 너
> 희로 모든 일에 항상 모든 것이 넉넉하여 모든 착한 일을 넘치게
> 하게 하려 하심이라(고후 9:8).

하나님께서 넘치도록 주시는 은혜는 그리스도인이 행하는
모든 봉사와 행동의 유일한 출발점입니다. 본래 우리에게서 시작
된 일이 아닙니다. 우리의 모든 선함의 출발점에는 하나님이 계

십니다. 이어지는 구절을 보십시오.

기록된 바 그가 흩어 가난한 자들에게 주었으니 그의 의가 영원토록 있느니라 함과 같으니라. 심는 자에게 씨와 먹을 양식을 주시는 이가 너희 심을 것을 주사 풍성하게 하시고 너희 의의 열매를 더하게 하시리니(고후 9:9-10).

바울은 9절에서 시편 112:9을 인용하며, 풍성한 나눔이 하나님의 종의 특성이며 하나님의 의를 드러내는 일이라고 말합니다. 그러고 나서 10절에서는 하나님께서 심는 자에게 심을 것을 주시되 풍성하게 주신다고 말합니다. 왜 그렇게 하십니까? 의의 열매를 더하여 무성하게 하시려는 것입니다.

심을 것을 하나님께서 주십니다. 넉넉히 풍성하게 주십니다. 우리가 가진 것은 하나님께서 우리에게 넉넉하고 풍성하게 심으라고 주신 것입니다. 그래서 우리는 풍성하게 심을 수 있다고 바울은 말합니다. 이제 다시 8절을 보겠습니다.

하나님께서 우리에게 베풀어 주신 은혜가 "모든 일에 항상 모든 것이 넉넉하여 모든 착한 일을 넘치게" 했다는 말씀입니다. 하나님께서 은혜를 풍성하게 주심으로써 시작하신 일입니다. 이런 사람은 얼마나 행복한 사람입니까! 우리가 행하는 모든 선한 일은 하나님께서 풍성하게 주신 은혜에서 시작합니다. 은혜가 넘치는 것처럼 모든 착한 일도 넘칩니다. 우리가 행하는 어떤 착한 일도 우리 자신에게서 시작되지 않습니다. 로마서 11:35 말씀처럼, 아무도 하나님께 먼저 드려서 하나님이 갚아 주어야겠다고 여기게 할 수 없습니다.

이 본문에서 바울이 사용하는 단어에 주목할 필요가 있습니다. 8절에 "넘치게", "넉넉하여", "넘치게", 10절에 "풍성하게", "더하게", 11절에 "넉넉하여", "너그럽게", 12절에 "많은 감사", "넘쳤느니라", 13절에 "후한 연보", 14절에 "지극한 은혜", 마지막으로 15절에 "말할 수 없는"과 같은 표현을 통해서 바울이 보여주고 싶은 것은 연보가 가지는 풍성하고 후하고 넘치는 관대한 성격입니다. 이것은 바로 하나님의 성품입니다.

하나님께서 주시는 넘치는 은혜가 우리로 하여금 착한 일을 넘치게 하도록 합니다. 은혜가 하는 일은 이것만이 아닙니다. 마게도냐 교회들이 경험했듯이, 하나님의 넘치는 은혜는 "모든 일에 넉넉하여 너그럽게 연보를" 하게 하였습니다.

너희가 모든 일에 넉넉하여 너그럽게 연보를 함은 그들이 우리로 말미암아 하나님께 감사하게 하는 것이라(고후 9:11).

고린도 교회의 너그러운 연보는 적어도 세 가지 결과를 낳습니다. 첫째는 "그들이 우리로 말미암아 하나님께 감사하게 하는 것"입니다. 그들이 누구입니까? 예루살렘 교회 성도들입니다. 그들의 감사가 넘치게 될 것입니다.

그리고 또 하나의 결과가 맺어집니다. 이어지는 구절을 보십시오.

이 봉사의 직무가 성도들의 부족한 것을 보충할 뿐 아니라 사람들이 하나님께 드리는 많은 감사로 말미암아 넘쳤느니라(고후 9:12).

넘치는 연보는 예루살렘 성도들을 실제적으로 도왔습니다. 그들의 경제적 부족함을 채워 준 것입니다. 다시 한번 바울은 "사람들이 하나님께 드리는 많은 감사가 넘친다"고 말합니다.

고린도 교인들의 연보가 만들어 내는 결과는 여기서 끝나지 않습니다.

이 직무로 증거를 삼아 너희가 그리스도의 복음을 진실히 믿고 복종하는 것과 그들과 모든 사람을 섬기는 너희의 후한 연보로 말미암아 하나님께 영광을 돌리고(고후 9:13).

사실, 이 연보는 그 자체로 고린도 교인들의 믿음의 진실성
과 순종의 참됨을 증명하는 증거가 됩니다. 이 말은 고린도 교
인들은 연보로써 그들이 하나님을 믿는 참된 백성임을 증명한
다는 말입니다. 그리고 이 연보를 통해 그들은 자신들의 믿음과
순종을 증명함으로써 궁극적으로 하나님께 영광을 돌리게 됩
니다.

하나님의 넘치는 은혜로 시작한 황금사슬은 여기서 끝나지
않습니다. 11-12절에서 말한 넘치는 감사는 다시 고린도 교회
를 위한 예루살렘 성도들의 기도와 사모하는 마음으로 이어집
니다.

또 그들이 너희를 위하여 간구하며 하나님이 너희에게 주신 지극
한 은혜로 말미암아 너희를 사모하느니라(고후 9:14).

물질적 지원을 받은 예루살렘 교회는 고린도 교회를 위해
기도하기 시작하고, 고린도 교회를 향한 마음이 간절해지게 될
것입니다. 얼굴로는 보지 못했어도 보편 교회 안에서의 형제 사
랑이 경험될 것입니다.

이것은 다시 바울의 감사로 이어집니다.

말할 수 없는 그의 은사로 말미암아 하나님께 감사하노라(고후 9:15).

여기서 바울이 감사한다고 말하는 것은 고린도 교인들이 예루살렘 성도들을 위한 연보를 넘치도록 후하고 풍성하게 했기 때문입니다. 그런데 바울은 분명하게 "말할 수 없는 그의 은사로 말미암아" 감사한다고 말합니다. "말할 수 없는 그의 은사"는 무엇을 가리킵니까? 바로 예수 그리스도를 가리킵니다. 하나님께서 우리에게 가치로 환산할 수 없는 선물을 넘치도록 풍성하게 주셨습니다. 하나님의 독생자 예수 그리스도를 보내 주신 것입니다. 고린도 교인들은 이런 은사 곧 선물을 받은 자들답게 하나님을 닮아서 그렇게 예루살렘 성도들을 위하여 값진 선물을 하게 된 것입니다. 이것을 생각할 때, 바울은 감사하지 않을 수 없다고 느낍니다. 교회가 하나님을 닮아 가고 있기 때문입니다.

이제 그다음에는 무엇이 오겠습니까? 바울의 감사는 8절에서 말한 것처럼 다시 모든 성도에게 하나님의 넘치는 은혜를 경험하게 할 것입니다. 그리고 이것은 모든 착한 일을 넘치게 하는 일로 이어지게 될 것입니다. 다시 이 은혜의 황금사슬은 꼬리에 꼬리를 물고 계속 이어지게 될 것입니다. 얼마나 영광스럽고 아름다운 일입니까? 이런 것이 하나님의 교회 안에서, 한 지역 교회 안에서만이 아니라 보편 교회 안에서 경험된다고 생각해 보십시오. 생각만 해도 얼마나 복되고 행복한 일입니까?

헌금의 원리

이 모든 것은 두 가지로 정리할 수 있습니다. 먼저 우리의 눈에 보이는 것 곧 돈입니다. 고린도 교인들은 예루살렘 성도들에게 돈을 보냈습니다. 그것은 연보 곧 기쁘고 풍성하고 준비된 나눔이었습니다. 그러나 육안으로는 보이지 않는 것이 있습니다. 그것은 바로 은혜입니다. 이 모든 것을 가능하게 한 것은 돈이 아니라 은혜입니다. 은혜 없는 돈은 재앙입니다. 그러나 은혜가 주어질 때 돈은 하나님의 복이 됩니다. 돈과 은혜, 은혜와 돈은 그리스도인에게는 생사를 가르는 분리되어서는 안 될 중요한 조합입니다.

우리가 예루살렘 교회를 돕기 위한 이방인 교회들의 연보라는 주제를 하나님께 드리는 헌금 전체에 적용하여 얻을 수 있는 원리가 있습니다.

먼저, 헌금은 기쁨에서 나와야 합니다.

각각 그 마음에 정한 대로 할 것이요 인색함으로나 억지로 하지 말지니 하나님은 즐겨 내는 자를 사랑하시느니라(고후 9:7).

충동이 아니라 준비가 필요합니다. 충동은 많은 것을 내게 할지 모르지만 시험에 드는 일은 피하기 어렵습니다. 마음에 정하라는 말은 인색하게 하거나 계산하라는 말이 아닙니다. 충동이 아니라 생각하고 마음에 정해서 드리는 것이 중요합니다.

억지로 내지도 말라고 말씀합니다. 강요에 못 이겨서 혹은 사람들의 눈을 의식해서 하지 말라는 것입니다. "즐겨 내는 자를 사랑하시느니라"는 말은 동기를 강조하는 표현입니다. 이 즐거움은 감사와도 구분됩니다. 감사가 과거에 받은 은혜에 대한 것이라면, 즐거움은 내 평생 그리고 장래에도 베풀어 주실 하나님의 선하심을 바라보는 즐거움이며 믿음입니다. 나 자신의 의가 되지 않으면서도, 넘치도록 풍성하게 베풀기를 기뻐하시는 하나님처럼 나도 이 거룩하고 신령한 기쁨에 동참하는 은혜를 누리는 것입니다.

두 번째로, 헌금은 믿음으로 드려져야 합니다. 헌금은 액수와 무관하게 믿음의 표현이어야 합니다. 그 믿음은 하나님의 선하심에 대한 신뢰입니다. 한 번의 신뢰가 아니라 지속적 신뢰입니다. 헌금은 믿음의 반영이고 증거입니다. 이 믿음은 하나님께서 내 삶을 책임지신다는 것을 믿는 것입니다. 그래서 우리는 생명처럼 귀하게 여기는 돈을 하나님께 하나님의 영광을 위하여 풍성하게 드릴 수 있습니다. 믿음의 표현으로 드리는 헌금은 우리가 가진 물질의 잉여분을 드리는 게 아닙니다. 믿음으로 드리는 참 연보가 되려면, 그것은 하나님께서 주신 것이 많아서 드리는 것이 아니라, 하나님 안에서 만족을 누리고 있으며 행복하고 기쁘기 때문에 평생을 하나님께서 책임지실 것을 알고 그런 믿음에서 먼저 하나님의 것을 떼어 드리는 것입니다.

세 번째로, 헌금은 사랑에서 나오는 것이어야 합니다. 하나님은 은혜 베푸시기를 기뻐하는 하나님이십니다. 그리고 우리의 사랑은 하나님 안에서 우리가 누리는 기쁨과 만족의 흘러넘침입니다. 이렇게 될 때, 형제를 향한 우리의 사랑은 의무가 아니라 기쁨이 됩니다. 이런 방식으로, 헌금은 하나님 사랑과 이웃 사랑을 향한 우리 믿음의 표현이 됩니다.

은혜의 황금사슬은 얼마나 멋지고 아름다운 그림입니까? 하나님께서 우리에게 넘치도록 풍성하게 베풀어 주신 모든 은혜가 돈이라는 그릇에 담겨 모든 착한 일을 넘치도록 하게 할 때, 이것이 주 안의 형제들의 필요를 채워 주고 그들로 하여금 감사함이 넘치게 할 것이고, 이로써 우리는 복음에 대한 우리 믿음의 참됨을 증거하고 하나님께 영광을 돌리게 될 것입니다. 그리고 다시 이것이 하나님께서 우리에게 베풀어 주시는 넘치도록 부요한 은혜로 다시 찾아오고, 이 은혜의 황금사슬이 모든 교회에서 교회로 이어져 갈 수 있다면, 참으로 영광스러운 일이 아니겠습니까? 이것이 바울이 고린도 사람들에게 전해 주고 싶었던 은혜와 돈의 이야기인 것입니다.

1. 헌금이 억지로 하는 것이 되지 않으려면 강요되어서는 안 된다고 저자는 말합니다. 그럼에도 불구하고 한국 교회의 많은 강단에서 비성경적이고 반기독교적이기까지 한 헌금 설교가 전해지는 것을 부인할 수 없습니다. 이것이 어떤 점에서 구약 시대 거짓 선지자들과 신약 시대 거짓 교사들의 특징과 일치하는지 설명해 봅시다(203-204쪽).

2. 바울이 '연보'를 의미하는 여러 헬라어 단어들을 사용함으로써 드러내고자 한 헌금의 성격은 어떤 것입니까?(205-210쪽) 헌금을 드리는 여러분의 마음은 이러한 헌금의 성격을 잘 드러내고 있습니까?

3. 저자는 "하나님께서 우리에게 넘치도록 풍성하게 베풀어 주신 모든 은혜가 돈이라는 그릇에 담겨 모든 착한 일을 넘치도록 하게 할 때, 이것이 주 안의 형제들의 필요를 채워 주고 그들로 하여금 감사함이 넘치게 할 것이고, 이로써 우리는 복음에 대한 우리 믿음의 참됨을 증거하고 하나님께 영광을 돌리게 될 것입니다. 그리고 다시 이것이 하나님께서 우리에게 베풀어 주시는 넘치도록 부요한 은혜로 다시 찾아오고, 이 은혜의 황금사슬이 모든 교회에서 교회로 이어져 갈 수 있다면, 참으로 영광스러운 일이 아니겠습니까?"라고 말합니다(221-222쪽). 이 일을 위해서 우리가 할 수 있는 것은 무엇입니까?

나가는 말

"돈에 대해서 말하는 것은 하나님에 대해서 말하는 것이다." 스캇 하프만의 말입니다. 그는 헌금을 드리라는 외침은 돈과 자아를 섬기는 우상숭배에서 벗어나라는 외침이며, 자신의 행복과 안전을 위해 오직 하나님의 은혜를 신뢰하라는 외침이라고 말합니다.[1]

하나님께서 언약 백성에게 십계명을 주셨을 때, 하나님만을 유일하신 하나님으로 섬기라는 명령 뒤에 우상을 만들어 섬기지 말라는 명령이 나오는 것은 조금도 이상한 일이 아닙니다. 설교자들이 하나님만을 섬기라고 말하면서 시대의 우상인 돈에 대해서 말하지 않는 것이 오히려 이상한 일입니다. 하지만 현실을 들여다보면, 오늘날 교회는 너무나 돈 이야기를 많이 한다는 공격을 받고 있고, 돈에 대해서 침묵하는 설교자는 그 자체로 쿨한 설교자로 인식될 정도입니다. 돈을 사랑하는 우리의 죄성, 돈이 우상이 되어 버린 현실을 지적하는 일은 점점 요원해지고 있고, 그

틈바구니에서 하나님과 재물을 적당히 겸하여 섬기는 그리스도인들이 자라납니다. 오직 자신과 자신의 가족만을 위해서 돈을 벌고, 자신과 자신의 가족을 위해 돈을 아낌없이 쓰는 한편, 하나님을 섬기고 이웃을 섬기는 데는 최소한을 인색하게 내놓는 '신종 그리스도인들' 말입니다. "가난한 자에게 구제할 수 있도록 자기 손으로 수고하여 선한 일을 하라"는 말씀은 그들에게 낯설기 그지없습니다(엡 4:28). 관대함과 후함으로, 남을 섬기고 베풀기 위해 준비하는 배려로 하나님을 섬기고 사람들을 섬기는 기쁨과 즐거움을 그들은 알지 못합니다.

　돈에 대해서 성경이 말씀하는 것을 가르치고 선포하는 것은 모든 설교자의 피할 수 없는 책무입니다. 성경이 말하는 논리를 따라 돈에 대해서 가르치는 것은 목사 자신을 돈의 다양한 유혹과 위험으로부터 보호해 주는 안전장치가 됩니다.

　이 책을 다윗의 이야기로 시작했다면, 이번에는 발람의 이야기로 마무리할까 합니다. 발람은 이스라엘이 모압 광야에 이르렀을 때 이스라엘을 저주하도록 모압 왕 발락에게 고용된 선지자입니다(민 22-24, 31:16). 하나님께서 이스라엘을 저주하는 것을 기뻐하지 않으신다는 것을 여러 차례 확인할 기회를 주셨음에도 불구하고, 끝내 돈에 눈이 멀어 이스라엘을 우상숭배와 음행으로 무너뜨릴 계교를 제공한 자입니다. 그래서 발람의 이름은 신약 교회에서 "불의의 삯을 사랑한" 선지자(벧후 2:15), "삯을 위하여 어그러진 길로 간" 자(유 11)의 대명사가 되었습니다. 발람 이야기의 본질은 그가 돈을 사랑해서 망한 것을 넘어, 하나님의 백성까지 음행과 우상숭배로 타락하게 만들었다는 것입니다. 그는 혼자 망하지 않았습니다! 그래서 베드로후서와 유다서는 이런 사람을 거짓 교사의 표본으로 제기하고 있는 것입니다.

다시 말하지만, 돈에 대해서 말하지 않으면서 하나님과 신앙과 은혜를 말하는 것은 거의 불가능합니다. 오늘날 한국 교회가 겪고 있는 수많은 불명예와 수치의 문제들 이면에는 돈에 대한 사랑, 탐욕이라는 우상숭배가 자리하고 있습니다. 유명 무명을 막론하고 많은 목사들이 돈 때문에, 돈이 많아서 혹은 돈이 없어서 경건이 무너진 것은 아닐까요? 이 땅에 그리스도인이라고 불리는 많은 신자들이 돈 때문에, 먹고사는 일 때문에 '구멍 난 거룩'을 정상으로 여기고 살아가는 것은 아닐까요?

주님께서 "한 사람이 두 주인을 섬기지 못할 것"이며 "하나님과 재물을 겸하여 섬기지 못하느니라"(마 6:24)고 하셨는데, 우리는 그동안 하나님을 말하고 가르치면서 재물이 하나님이 될 수 있다는 위험을 너무나 적게 경고하고 말해 왔던 것은 아닐까요?

다른 한편, 돈이 은혜가 될 수 있다는 성경의 가르침을 우리는 너무나 축소시키고 간과했던 것은 아닐까요? 그래서 돈을 우리 신앙의 영역 밖으로 저만치 밀어 놓고 살아온 것은 아닐까요? 돈으로 형제를 사랑하고 돈으로 하나님을 영화롭게 하는 삶, 돈이 은혜가 되고 복이 되어 다시 많은 사람들에게 풍성하게 나누어지는 복의 통로가 된다는 이 영광스러운 진리를 우리는 너무나 모르고 있는 것은 아닐까요?

이 땅을 사는 사람들은 돈에 매여서 살아갑니다. 신자들도 여기서 자유함을 얻기란 쉬운 일이 아닙니다. 돈이 우리의 생각과 감정과 시간과 친구와 인생을 좌우하게 하는 대신, 은혜가 우리의 생각과 감정과 시간과 친구와 인생을 좌우하게 된다면 어떻게 될까요? 돈에서 자유롭고 은혜에 매인 사람이 되는 것은 어떤 모습일까요?

은혜가 이런 일을 하지 못하면 우리는 필연적으로 돈의 노예가 될 수밖에 없습니다. 은혜 없이 주어지는 돈은 저주가 되기 쉽습니다. 돈이 우리에게 행복을 줄 것이라는 착각을 버리고, 은혜가 우리의 돈을 통해서 형제를 행복하게 하고 하나님을 기쁘시게 할 때 주어지는 하늘의 복을 누리고 살아야 하지 않겠습니까? 내 돈이 누군가를 행복하게 해주는 하나님의 은혜의 수단이 될 수 있다는 사실을 아십니까? 하나님께서 우리에게 맡겨 주신 돈이 우리 주변에 살고 있는 주님의 백성으로 하여금 기쁨을 주고 감사하게 하며 행복하게 할 수 있다는 것을 아십니까? 은혜로

채움받은 하나님의 백성에게 맡겨진 돈은 이런 일을 합니다. 이
것이 바로 은혜와 돈의 이야기입니다. 이 큰 이야기 속으로 여러
분을 초대합니다.

주

시작하는 말

1. 존 버니언, 『천로역정』, 유성덕 옮김(파주: 크리스챤다이제스트, 2001), 1부 14장.

1장. 돈의 가공할 위력에서 지켜 주는 은혜

1. 오늘날 예배당 혹은 교회당을 건축할 때, 그것을 '성전 건축'이라고 말하는 것은 신학적으로 옳지 않다. 구약의 성전은 주님이 오심으로써 완성되었기 때문에(요 2:21), 신약적 개념에서 성전은 성령이 거하시는 성전 곧 신자 자신을 가리키며(고전 3:16, 6:19), 하나님의 백성인 교회(엡 2:20-22)를 가리키는 것으로 이해해야 한다. 그러므로 성경적 성전 건축은 하나님의 말씀으로써 성도들을 온전하게 양육하여 봉사의 일을 하게 하며 그리스도의 몸을 세우는 일이다(엡 4:11-12). 하나님의 말씀으로 목양하는 일 그 자체가 성경적 성전 건축이다. 예배당이나 교육관을 건축하는 일은 '예배당 건축' 혹은 '교육관 건축'이라고 말하는 것이 적합할 것이다.

2. 하나님의 거절 뒤에 이어지는 다윗의 기도(삼하 7:18-29)는 다윗이 하나님의 거절을 영광스럽게 받아들였다는 사실을 보여준다. 다윗이 하나님의 거절을 영광스럽게 여긴 이유는, 다윗이 하나님을 위해서 집을 지어 드리는 것이 아니라 하나님이 다윗을 위하여 집을 지어 주시며, 그 일을 친히 다윗에게 약속하셨기 때문이다(삼하 7:1-17). 그러므로 하나님의 거절은 하나님의 은혜를 풍성하게 드러내고 있으며, 다윗은 그 은혜를 깊이 경험할 수 있었다.

3. 장 칼뱅, 『기독교 강요』, 원광연 옮김(파주: 크리스챤다이제스트, 2015), I.11.8.

4. 새찬송가 384장, 「나의 갈 길 다 가도록」.

2장. 건축과 돈

1. 한국 교회는 일반적으로 '헌금'이라는 용어에 더 익숙하다. 헌금은 문자적으로 '돈을 (하나님께) 바치다'라는 의미를 지닌 용어로, 하나님께 드리는 것이 '돈'으로 제한된다는 점에서 한계를 가진다. '헌금'이라는 용어를 '헌상'으로 바꿔서 사용한다면, 그 의미는 돈을 넘어 넓은 의미를 포괄할 수 있을 뿐 아니라 하나님께 드린다는 개념을 보다 잘 표현할 수 있다. '헌상'(獻上)은 '위로 드리다' 곧 '하나님께 드리다'라는 의미를 지닌다. 'offering'이라는 영어 단어에 돈이라는 제한적 의미만 있지 않은 것과 마찬가지로, 헌상은 돈을 넘어 '우리 자신'을 하나님께 대한 감사의 표현으로 드리는 것이다. 죄인을 완전히 변화시키는 복음의 은혜는 신자로 하여금 자신을 하나님께 드리게 한다.

2. 종종 "만군의 여호와가 이르노라. 너희의 온전한 십일조를 창고에 들여 나의 집에 양식이 있게 하고 그것으로 나를 시험하여 내가 하늘 문을 열고 너희에게 복을 쌓을 곳이 없도록 붓지 아니하나 보라"는 말라기 3:10이 십일조를 물질의 복의 비결로 제시하거나 엄격하게 십일조를 하라는 증거구절로 인용되곤 한다. 이 구절에 근거하여 미국의 어느 교회에서는 "십일조 도전, 100% 환불 보증"이라는 프로그램까지 등장할 정도다. 그 교회 목사는 "십일조를 정확하게 혹은 그 이상으로 드린 뒤 90일 동안 지켜보고 하나님께서 약속하신 대로(말 3:10) 신실하게 복을 주시지 않는다면 교회에 요청하라. 묻지 않고 십일조로 드린 액수를 100퍼센트 돌려주겠다"고 말한다. 이와 관련된 기사들이 미국 복음주의 잡지인 『리더십 저널』(Leadership Journal)이나 『크리스채너티 투데이』(Christianity Today)에 종종 실리곤 한다. 이들은 말라기 3:10을 바르게 해석하고 바르게 적용한 것일까?

　　말라기의 약속은 기본적으로 '언약'이라는 맥락에서 주어진 말씀이라는 사실을 기억하는 것이 중요하다. 모세 언약의 핵심은 '순종-복, 불순종-저주'의 패턴으로 이루어진다. 또한 옛 언약에서의 방식은 하나님의 복이 물질로 표현되는 것이다. 칼뱅은 그의 『기독교 강요』에서 이것을 구약 시대의 유아기적 상태에서 하나님께서 표현하신 방식이라고 말한 바 있다. "그러므로 유대 민족이나 우리에게나 동일한 유업이 지정되어 있었으나, 그들은 아직 어려서 그것들을 받아서 운영할 수 없었다. 그들에게도 동일한 교회가 존재하였으나, 아직 어린 유아기의 상태를 면치 못하고 있었던 것이다. 그러므로 주께서는 그들을 이러한 후견인의 보호 아래 두셨고, 영적 약속들을 있는 그대로 노골적으로 제시하시지 않고, 그들의 분량에 맞추어서 이 땅에 속한 약속들로써 예표하는 방식으로 제시하신 것이다"(2.11.2).

　　그러므로 말라기 선지자를 통해서 하신 이 말씀을 '물질의 복의 비결은 십일조'

라는 식으로 이해하는 것은 지극히 유아기적 수준의 이해이며, 그리스도 안에서 성도들에게 약속된 모든 신령한 복을 물질의 복으로 축소시키는 잘못을 범하는 것이다.

새 언약의 경륜에서 성경은 부가 복이고 가난이 저주라는 공식을 승인하지 않는다. 그러므로 이 구절을 십일조를 하도록 공포심을 조장하거나 물질의 복을 기대하고 십일조를 하게 하는 근거로 사용하는 것은 바른 해석도 바른 적용도 아니다.

3장. 명령도 은혜다

1. 성경이 왜 이렇게 시간적으로 복잡하게 사건들을 서술하는지에 관해 간단히 설명할 필요가 있겠다. 출애굽기 40장과 민수기 1장 사이에는 한 달 정도의 간격이 있고(출 40:1, 민 1:1), 레위기는 시간적으로 보면 출애굽기와 민수기 사이 한 달 동안에 일어난 일을 기록하고 있다. 레위기는 세워진 성막에서 드려야 할 제사의 제도를 가르치고 제사를 감당해야 할 제사장들을 위임하는 일, 그 밖에 제사장이 해야 할 일과 율법의 지침을 기록한다. 특별히 각종 제사법들을 교훈하고 이어서 제사장을 위임하는 7일간의 일을 레위기 8장이 기록하고 있는데, 만일 여기에 제사장 위임식과 동시에 시작되어 12일 동안 이어진 각 지파의 지휘관들의 예물 봉헌이 기록되었다면 레위기의 중심 주제는 흐트러질 것이 분명했다. 그래서 모세가 성령의 영감으로 이 기록이 가장 합당하게 위치할 수 있는 곳, 바로 민수기 7장에 기록하였다고 볼 수 있다. 민수기 7장은 지휘관들이 수레 여섯 대와 소 열두 마리를 레위인의 업무를 위해서 드렸다는 기록으로 시작되는데(민 7:1-9), 이것은 레위인의 성막 이동 업무가 어떻게 게르손과 므라리와 고핫 자손에게 각각 분장되었는지를 알아야만 이해할 수 있는 대목이기도 하다. 이미 민수기 3-4장에서 레위인을 계수하는 것과 관련해서 레위인의 세 자손의 업무가 어떻게 구분되는지 세세한 내용을 설명해 주었기 때문에, 비록 각 지파 지휘관들이 예물을 드린 일이 시간적으로 그 전에 일어난 일이기는 하지만 여기에 기록되는 것이 가장 적당했을 것이다. 특히 각 지파들이 예물을 드릴 때 야곱의 아들들의 족보를 따르지 않고, 민수기 2장에서 보여준 대로 성막을 중심으로 진을 치고 또 진행을 하는 순서를 따르고 있다는 점도 이런 선이해가 있어야 이해할 수 있는 대목이기도 하다.

4장. 십일조의 의무를 넘어서

1. 간혹 마태복음 23:23 말씀을 근거로 십일조의 율법적 구속력을 주장하기도 하는데, 바리새인들의 외식을 책망하는 이 구절에서 주님은 두 가지를 말씀하셨다. "이것도 행하고 저것도 버리지 말아야 할지니라." 여기서 "이것"은 그들이 하던 십일조 곧 박

하, 회향, 근채의 십일조까지 드리던 그 '철저하고 엄격한 십일조'를 가리키는 것이 분명하고, "저것"은 율법과 십일조의 정신이라고 할 수 있는 '정의와 긍휼과 믿음'이다.

바리새인들의 외식은 외적인 십일조는 했지만, 그들 마음의 태도, 내적인 율법 순종은 없었다. 이 책에서 강조하는 논지를 따라서 말하자면, 그들의 엄격하고도 철저한 십일조는 은혜 없는 십일조였다. '정의와 긍휼과 믿음'은 모두 하나님의 은혜로 말미암아 신자 안에서 형성되는 열매다. 주님께서는 이 점을 지적하고 외식이라고 책망하셨다. 여기서 주님께서 행하라고 하신 "저것" 곧 '정의와 긍휼과 믿음'이 '도덕법'에 해당하는 사항이라는 것은 자명하다.

그렇다면 "이것"은 어떠한가? "이것" 곧 '철저하고 엄격한 십일조'는 주님께서 사셨던 옛 언약의 경륜 안에서 말씀하신 것으로 이해해야 하는데, 주님께서 유월절을 지키면서 제자들에게 유월절을 준비하라고 하신 말씀이나(마 26:17-19), 성전세를 내신 것(마 17:24-27)과 같은 맥락에서 이해해야 한다. 그렇다면 주님께서 하라고 하신 "이것"은 '의식법'에 해당하는 것으로 볼 수 있고, 이 점에서 새 언약의 경륜에서 살아가는 신자들에게 연속성을 가지는 것으로 받아들일 수 없는 것이다.

이와 관련한 보다 자세한 설명은 윤상원, 『십일조가 알고 싶다』(파주: 넥서스Cross, 2017)를 참고하라.

2. 복음서에서 십일조에 대한 언급은 앞에서 언급한 마태복음 23:23과 그 병행구절인 누가복음 11:42 외에 '바리새인의 기도'(눅 18:12)에서만 나타난다.

6장. 은혜에도 풍성한 교회

1. 존 파이퍼, 『삶을 낭비하지 말라』, 전광규 옮김(서울: 성서유니온선교회, 2005).

8장. 은혜의 황금사슬

1. 헌금이 강요되지 않아야 한다는 말은, 하나님께서 우리에게 그分께 드릴 것을 성경을 통해 명령하실 수 없다는 말이 아니다. 하나님은 모든 것이 당신의 것이라고 선언하시며 우리에게 무엇이든지 명령하실 수 있다. 하지만 이것이 종교적 공포심을 조장하거나 기복신앙적으로 호도하여 헌금을 하지 않을 수 없게 만들 권한을 목사들에게 주는 것은 아니다.

2. 이용필 기자, "김홍도 목사, 이번에도 '십일조 안 하면 암 걸려'", 「뉴스앤조이」(2014.8.4), http://www.newsnjoy.or.kr/news/articleView.html?idxno=197255

3. J. P. Louw and E. A. Nida, *Greek-English lexicon of the New Testament:*

based on semantic domains, electronic ed. of the 2nd edition(New York: United Bible Societies, 1996).

4. J. P. Louw and E. A. Nida, *Greek-English lexicon of the New Testament: based on semantic domains*.

5. G. Kittel, G. Friedrich, and G. W. Bromiley, *Theological Dictionary of the New Testament*(Grand Rapids, MI: W.B. Eerdmans, 1985).

6. J. P. Louw and E. A. Nida, *Greek-English lexicon of the New Testament: based on semantic domains*.

나가는 말

1. Scott J. Hafemann, *2 Corinthians, The NIV Application Commentary*(Grand Rapids: Zondervan, 2000) p. 383. (『NIV 적용주석 고린도후서』 솔로몬)